유대인의 성공의 비밀

유대인의 성공의 비밀

초판 1쇄   2024년 6월 13일
지은이   아리엘 에이탄
옮긴이   한길환
펴낸이   이규종
펴낸곳   엘맨출판사
등록번호   제13-1562호(1985.10.29.)
등록된곳   서울시 마포구 토정로 222
            한국출판콘텐츠센터 422-3
전화   (02) 323-4060, 6401-7004
팩스   (02) 323-6416
이메일   elman1985@hanmail.net
            www.elman.kr

ISBN   978-89-5515-770-3 03320

값 13,800 원

유대인의 성공의 비밀

유대인들이 가장 숨기고 싶은 성공의 비밀 9가지

아리엘 에이탄 지음 / 한길환 옮김

하나님의 사람을
만들어 가는

엘맨
ELMAN

차례

추천사

본 서는 하나님을 믿는 유대인들에게 있어 성공이란 무엇인지를 심도 있게 다루는 책입니다. 저자는 성공을 물질적인 성취에 한정하는 것이 아니라, 물질적, 영적, 사회적, 윤리적인 영역까지 아우르면서 독자들에게 진정한 성공은 무엇인가를 생각하게 만듭니다. 또한 나는 어떠한 성공을 꿈꿀 것인가를 생각하게 만듭니다.

저자는 유대교 신앙의 핵심 개념들을 통해 성공에 접근하는 방식을 취하고 있습니다: 구제(체다카), 계명(미츠보트), 기도(테필라), 회개(테슈바), 세상을 고침(티쿤 올람) 등. 저자가 중요하게 여기는 것은 개인적 성공 뿐만 아니라 공동체의 성공입니다. 유대인들이 중요하게 여기는 것이 바로 '공동체' 개념입니다. 그 공동체에서 태어나서 죽는 것이 유대인들이라 해도 과언이 아닐 것입니다. 공동체는 개인 성공의 출발점이자 성공으로 나아가게 하는 힘이며 그 목표가

'더불어 잘 사는 것'임을 일깨우는 촉매제입니다. 개인이 공동체와 연속성을 가짐으로써, 세대와 세대가 이어지며 유대인들이 세상에 존재한다는 관점이 주목할만 합니다.

저자는 '고통'을 성공과 연결 짓습니다. 현재 자신에게 찾아온 고통을 통해, 삶의 방향을 점검하고 삶 속에서 하나님을 바라봅니다. 그리하여 고통은 현재에 감사하며 다시금 일어설 힘을 얻는 발판이 됩니다.

저자는 이론과 경험을 갖추었기에, 독자들이 저자의 이론을 삶 속에서 실제로 적용할 수 있도록 이끌어주고 있습니다. 성공에서 '적용'은 아주 중요한데, 혼자만의 성공이 아니라 다른 이들도 성공적인 삶을 살도록 도와 주고 있습니다.

이 책은 신앙인이 세상 속에서 어떻게 성공적인 삶을 살 수 있는가를 보여주는 귀한 책이기에 추천합니다.

김양주(이스라엘에 12년 거주했으며, 이스라엘 바르일란 대학 성서학 박사과정 수료)

제1장

서론: 유대인의 전통에서 성공 정의하기

유대인의 전통의 맥락에서 성공은 무엇을 의미하는가? 오늘날과 같이 빠르게 변화하고 성취 지향적인 사회에서는 성공의 개념이 종종 부(富), 권력, 높은 지위 등과 동일시되고 있다. 그러나 유대인의 전통은 성공에 대하여 물질적 성취 이상의 더 넓고 깊은 이해를 하게 해준다. 유대인의 지혜에 따르면 성공은 영적 성취, 도덕적 성품, 세상에 대한 의미 있는 공헌 등을 포괄하는 개념이다.

성공 정의하기

유대인의 전통에서 성공은 외적 성취에 의해서만 평가되는 것이 아니라, 풍요로운 내적 삶을 가꾸고, 토라(Torah)

의 가르침에 맞는 가치를 추구하는 것에 의해 평가된다. 즉 성공은 유대인 율법의 원칙과 계명에 따라 목적 있고, 진실성 있고, 의로운 삶을 사는 것이다.

영적 성취

유대인의 전통에서 성공의 한 가지 대단히 중요한 측면은 영적 성취이다. 이에는 하나님과 깊은 관계를 증진하고, 기도와 묵상을 하고, 개인적 성장과 자기 개선을 위해 노력하는 것 등이 포함된다. 유대인의 영성은 하나님과의 긴밀한 관계를 발전시키며, 의미 있고 목적 있는 존재를 추구하는 것을 강조한다.

도덕적 성품

유대인의 전통에서 성공은 또한 도덕적 성품의 함양과도 밀접하게 관련되어 있다. 윤리적 행동과 의로운 행위는 유대인의 가르침에서 매우 소중하게 여겨지고 있으며, 개개인은 정직, 연민(憐憫), 겸손, 정의 등과 같은 미덕을 구현하도록 권장되고 있다. 진정한 성공은 개인적 성취뿐만 아니라, 다른 사람들과 세상에 끼치는 영향력에도 있는 것이다.

*미츠보트(Mitzvot)의 삶 살기

유대인의 전통에서 중심이 되는 것은 토라에 나오는 계명들인 미츠보트의 준수이다. 이 계명들은 친절한 행동, 기도, 공부, 윤리적 행동 등을 포함한 많은 관습을 아우르고 있다. 미츠보트를 고수함으로써, 개개인은 그들의 삶을 하나님의 뜻에 맞추고, 사회의 공익에 기여하는 것이다. 미츠보트의 이행은 성공하는 유대인의 삶에서 필수적인 부분이다.

* 미츠보트(Mitzvot): 토라(모세 5경) 중에서 지켜야 할 계명을 모아 놓은 것으로, 하지 말아야 할 365개와 해야 할 248개, 총 613개 계명으로 되어 있다. 미츠바(Mitzvah)의 복수형

물질적, 영적 추구의 균형 맞추기

유대인의 전통은 성공의 영적, 도덕적 측면의 중요성을 강조하고 있지만, 물질적 *웰빙의 추구를 거부하는 것은 아니다. 유대인의 가르침은 그것이 윤리적이고 책임감 있게 이루어지기만 하면, 재정적 안정과 물질적 안락함의 가치

도 인정하고 있다. 물질적, 영적 추구의 균형을 맞추는 것은 유대인의 성공에서 중요한 측면이며, 그것이 윤리적 의무를 희생시키면서 물질적 부를 추구하지 않도록 보장해주고 있다.

* 웰빙(Well-Being): 육체적, 정신적 건강과 안락한 환경이 어우러져 복지를 누리는 상태

의도와 노력의 중요성

유대인의 전통에서 성공은 외적 성과로만 결정되는 것이 아니라, 목표를 추구하는 데 투입된 의도와 노력에 의해서도 결정된다. *카바나의 개념, 즉 '목적'은 우리의 행동 이면에 있는 동기가 중요하다는 것을 가르친다. 성공은 단순히 특정한 결과를 달성하는 문제가 아니라, 자신의 책임을 다하고 염원을 이루기 위한 진정성과 헌신적인 노력에 있는 것이다.

* 카바나(Kavvanah): 유대교에서 기도를 하기 위한 마음의 준비 상태를 말하며, '의도', '목적', '방향', '집중'이라는 의미이다.

성경 속 사례에서 배우기

히브리 성경은 유대인의 전통에 따른 성공의 본보기가 되었던 사람들의 수많은 사례를 제공한다. 족장 아브라함은 확고한 신앙과 하나님의 명령에 기꺼이 따른 것 때문에 공경을 받고 있다. 위대한 지도자 모세는 그의 사명에 대해 겸손과 용기와 헌신을 보여주었다. 다윗 왕은 시편 기자로서 의(義)와 회개의 본질을 구현해 내었다. 이들 성경 속 인물들의 삶을 공부함으로써 우리는 유대인의 맥락에서 성공한다는 것이 무엇을 의미하는지에 대한 소중한 통찰을 얻을 수 있다.

결론

유대인의 전통에서 성공은 영적 성취, 도덕적 성품, 세상에 대한 의미 있는 기여 등을 아우르는 다면적인 개념이다. 그것은 외적 성취에만 국한되지 않고, 유대인의 가치와 원칙에 따라 풍요로운 내면의 삶을 가꾸는 것을 포함하는 것이다. 물질적인 추구와 영적, 윤리적 측면을 고려하는 것 사이의 균형을 맞춤으로써, 개개인은 목적 있고, 진실하고, 의로운 삶을 살 수 있게 되며, 궁극적으로 유대인 전통의 시각으로 본 진정한 성공을 거두게 된다.

의미 있고 영향력 있는 삶 살기

유대인의 전통에서는 성공이 개인적 성취만으로 평가되는 것이 아니라, 다른 사람들과 세상에 끼치는 영향력에 의해 평가된다고 가르친다. 즉 다른 사람들의 삶에 긍정적인 차이를 만드는 수단으로서 친절한 행동과 체다카(자선적 기부)와 사회 정의의 중요성을 강조한다. *헤세드, 즉 자애로운 행동을 하고, 사회의 개선에 기여함으로써, 개개인은 성공을 추구하면서 성취감과 목적을 얻을 수 있다.

* 헤세드(Chesed): 언약에 기초한 하나님의 불변의 사랑, 은혜, 인자하심을 의미하며, 사람이 어진 마음으로 남을 사랑함(慈愛)을 뜻한다.

*체다카: 기부와 정의

흔히 '자선'이라고 불리는 체다카는 유대인의 삶의 기본적인 측면이다. 이는 단순한 자선을 넘어 다른 사람들에 대하여 공정하고 자애롭게 행동해야 할 의무를 포괄하고 있다.

유대인의 전통은 가난한 사람들을 위해 기부하는 것이 관대함의 문제가 아니라, 도덕적인 의무라고 가르친다. 체다카의 실천을 통해 개개인은 빈곤 해소, 교육 계획 지원, 불우이웃을 위한 생필품 제공 등에 기여한다. 기부가 사회적 불균형을 바로잡고, 보다 공평한 사회를 촉진하는 수단으로 여겨지는 것이다.

* 체다카(Tzedakah): 기부(寄附)와 정의(正義)가 혼합된 개념으로 어려운 사람들을 위해 기부하는 것을 사회 정의를 위한 의무(분배 정의)로 여김.

사회적 정의와 윤리적 책임

유대인의 전통은 사회적 정의와 윤리적 책임을 크게 강조하고 있다. 성공의 추구는 정의(正義) 추구와 동떨어진 것이 아니라 복잡하게 서로 얽혀 있는 것이다. 유대인의 가르침은 공정한 대우, 균등한 기회, 사회의 소외되고 취약한 구성원들에 대한 관심의 중요성을 강조한다. 성공은 *옹호, *행동주의, 사회적 불평등 해결을 위한 사업 지원 등을 통해 공정하고 인정 많은 세상을 확립하는 것을 의미하는 것이다.

* 옹호(advocacy): 불공정한 사회 현상을 바로잡고 다양한 권리를 지키기 위한 활동

* 행동주의(Activism): 사회적, 정치적 변화를 가져올 목적으로 캠페인, 시위 등을 하는 것으로 활동주의, 실천주의라고도 한다.

세상을 고침(티쿤 올람)

'세상을 고침'이라는 뜻의 티쿤 올람(Tikkun Olam)은 유대인의 전통에서 중심이 되며, 사회적, 환경적으로 정의로운 행동을 할 책임을 나타내고 있다. 티쿤 올람은 개개인이 친절, 연민, 사회적 책임에서 나오는 행동 등을 통해 세상을 치유하고 개선하는 데 적극적으로 참여할 것을 촉구하고 있다. 그것은 개개인이 지역적으로 또는 세계적으로 불공정한 지역을 찾아내어 긍정적인 변화를 가져오기 위한 조치를 취하도록 권장하는 것이다.

리더십과 영향력

유대인의 전통은 성공한 사람들이 지닌 영향력과 힘을 인정하고, 리더십에 따르는 윤리적 책임을 강조하고 있다. 힘과 권위를 가진 자리에 있는 사람들은 사회의 개선을 위해 그들의 영향력을 사용할 것을 요구받는다. 그들은 진실성과 겸손과 정의에의 헌신으로 이끌어갈 것으로 기대를 받는다. 윤리적 리더십의 본을 보임으로써 성공한 사람들은 다른 사람들이 이를 따라 하고, 공익을 위해 기여하도록 자극해 줄 수 있다.

공동체의 힘

유대인의 전통에서 성공은 개인적으로 추구하는 것이 아니라, 공동체의 지원과 참여에 깊게 연관되어 있다. 유대인 공동체는 인맥과 멘토링과 공유 가치를 제공하여 개개인이 성공의 길을 가도록 북돋아 주고 자극해 준다. 공동체의 일원이 됨으로써 협동과 상호 지원과 공동의 목표를 위해 기여할 기회가 주어지는 것이다. 공동체와 관계를 맺는 것은 소속감을 강화하고, 긍정적인 영향을 미칠 수 있는 토대를 마련해준다.

결론

유대인의 전통에서 성공은 개인적 성취를 넘어, 의미와 영향력과 윤리적 책임감 있는 삶을 추구하는 것을 포함하는 것

이다. 그것은 유대인의 가치에 따라 풍요로운 내적 삶을 가
꾸고, 친절한 행동과 사회적 정의를 실천하며, 성공한 개개
인이 지닌 힘과 영향력을 인정하는 것을 포함한다. 이러한
가르침을 자신의 삶에 통합함으로써 개개인은 개인적 성취
와 주위 세상을 긍정적으로 만들어가는 능력이라는 측면에
서 진정한 성공을 거둘 수가 있는 것이다.

제2장

도전 헤쳐나가기: 유대인의 회복력에서 얻는 교훈

삶은 우리의 회복력과 투지를 시험하는 도전과 역경(逆境)으로 가득 차 있다. 유대인의 전통에서 '아츨라차(At-zlachah)'로 알려진 회복력의 개념은 큰 중요성을 갖고 있다. 그것은 역경을 딛고 일어서며, 장애를 만나도 굴복하지 않고, 힘든 상황에도 불구하고 성공하는 능력이다. 이 장에서는 우리의 삶에서 도전을 헤쳐나가고 회복력을 개발하는 데 대하여 유대인의 역사와 지혜로부터 배울 수 있는 교훈을 탐구할 수 있을 것이다.

회복력 이해하기

회복력은 도전을 피하거나 무시하는 것이 아니라, 도전을 극복하기 위한 정신력과 자질을 개발하는 것이다. 유대인의 전통에서 회복력은 역사 전반에 걸쳐 무수한 시련에 직면했던 유대 민족의 집단적 기억과 경험에 깊이 스며들어 있다. 그들의 이야기를 살펴보고, 그들의 경험으로부터 통찰을 얻음으로써 우리는 도전을 헤쳐나가는 데 소중한 지침을 얻을 수 있다.

출애굽의 교훈

이집트로부터의 탈출 이야기는 압제에 맞선 회복력의 강력한 사례를 제공해 준다. 이스라엘 민족은 노예 생활과 박해를 견뎌야 했으나 확고한 신앙과 리더십, 그리고 단합을 통해 결국에는 승리를 거두었다. 출애굽은 우리에게 소망을 유지하고, 초월적인 능력을 신뢰하며, 지극히 힘겨운 도전이라도 극복하려고 함께 일하는 것의 중요성을 가르쳐준다.

바빌론 유배: 정체성과 신앙 유지하기

바빌론 유배는 유대 민족이 그들의 땅에서 강제로 쫓겨나 문화적 동화(同化)에 직면했던 엄청난 격변의 시대였다. 그러나 이주와 문화적 탄압에도 불구하고 유대인 공동체는 분명한 정체성, 종교적 관습, 하나님에 대한 신앙을 유지하였다. 바빌론 유배는 우리에게 역경 가운데서도 문화적, 종교적 유산을 보존하는 일이 중요함을 가르쳐준다. 그것이 힘과 회복력을 제공해 주기 때문이다.

홀로코스트에서 생존: 인간 정신의 승리

*홀로코스트는 인류 역사상 극도로 암울했던 시기 중 하나로, 600만 명의 유대인이 조직적으로 박해받고 살해당하였다. 그러나 그들이 견뎌낸 상상도 할 수 없는 공포에도 불구하고, 이 비극으로부터 회복력과 영웅적인 이야기가 생겨났다. 유대인 개개인과 공동체들은 극도로 암울한 상황 속에서도 엄청난 용기와 지략과 친절한 행동을 보여주었다. 삶을 재건하고 믿음과 소망을 유지하는 생존자들의 능력은 인간 정신의 승리와 회복하는 능력의 증거이다.

유대인의 지혜로부터 얻는 교훈

유대인의 지혜는 도전에 직면했을 때의 회복력에 대한 소중한 통찰과 실제적인 조언을 준다. 먼저, 비타혼(Bita-chon) 즉 '하나님의 계획에 대한 신뢰'라는 개념은 개개인이 그들의 힘든 싸움 가운데 혼자가 아니라는 사실을 알고, 신앙에서 위로와 힘을 얻도록 격려해준다. 또 모든 사람이 하나님의 형상으로 창조되었다는 '브첼렘 엘로힘(B'tzelem Elohim)'의 가르침은 우리의 고유한 가치와 도전을 극복할 수 있는 잠재력을 일깨워 준다. 끝으로, 개인적인 기도와 내적 성찰인 '히트보데두트(hitbodedut/묵상)'는 어려움을 겪을 때 성찰과 감정적 이완(弛緩), 영적 성장을 하게 해준다.

심리학적 회복력: 유대 사상에서 얻는 통찰

유대인의 전통은 또한 현대 심리학적 회복력의 여러 원칙과도 부합된다. 감사의 강조, 현재에 대한 감사, 역경 속에서 의미 찾기 등은 모두 유대인 가르침의 기본적인 측면이다. 회복력은 감사, *마음 챙김(mindfulness), 목적의식 등을 통해 강화된다. 유대인의 지혜는 개개인이 현재에 집중하고, 작은 것에서 기쁨을 찾고, 힘들 때 균형감을 유지하도록 권장한다.

* 마음 챙김(mindfulness): 현재의 순간에 주의를 집중하여 자신의 상태를 인식하고, 관찰자의 입장에서 비판 없이 너그럽게 수용하는 묵상의 한 방법이다.

공동체로부터 힘 얻기

역사적으로 유대인 공동체는 회복력을 기르는 데 결정적인 역할을 해왔다. 개개인은 집단적 의식(儀式), 공동체적 지원, 인맥 구축 등을 통해 역경 가운데 위안과 힘을 얻는다. 더욱이 공동체 내에서 형성되는 유대(紐帶)관계는 소속감과 이해와 *공유 가치를 제공함으로써 개개인이 더 큰 회복력과 도움으로 도전을 헤쳐나갈 수 있도록 도와준다.

* 공유 가치(shared value): 공동체의 구성원들이 공유하고 있는 가치관이나 신념

결론

회복력은 유대인들에게 깊이 스며들어 있다. 그들의 전통과 역사는 도전을 헤쳐나가는 지침의 역할을 한다. 출애굽, 바빌론 유배, 홀로코스트 등의 이야기를 살펴봄으로써 우리는 회복하는 힘과 역경을 극복하는 인간의 능력에 대한 깊은 통찰을 얻는다. 뿐만 아니라 유대인의 지혜는 초월적인 능력에 대한 신뢰, 어려운 상황에서 의미 찾기, 감사와 마음 챙김 권장 등 힘을 개발하는 데 대한 실제적인 지침을 제공해 준다.

회복력은 개인 혼자만의 노력이 아니라 공동의 노력으로 얻어지는 것이라는 이해를 바탕으로, 유대인의 전통은 공동체 지원의 중요성을 강조하고 있다. 유대인 공동체는 역사 전반에 걸쳐 힘과 유대관계와 집단적 회복력의 원천이었다. 인간관계를 기르고, 공동 의식(儀式)에 참여하고, 상호 지원을 제공함으로써 개개인은 견뎌낼 수 있도록 위로와 격려를 받는 것이다.

이들 여러 원칙은 유대인 역사와 지혜로부터 얻는 교훈일 뿐 아니라, 현대 심리학 연구와도 부합된다. 감사, 마음 챙김, 역경 속에서 의미 찾기와 같은 개념들은 회복력을 만들어 내는 데 결정적인 요소들이다. 고대의 지혜에 뿌리를 둔 유대인의 가르침이 회복력에 대한 현대의 심리학적 해석에 비견할 만한 소중한 통찰을 주는 것이다.

실제적인 회복력 만들기 전략에는 소망 유지하기, 신뢰할 수 있는 원천으로부터 지원 구하기, 자기 성찰과 기도하기, 감사와 마음 챙김 권장하기 등이 포함된다. 이러한 습관들을 기름으로써 개개인은 도전을 헤쳐나가고 역경 가운데 성공할 수 있는 힘과 지략과 투지를 개발할 수 있는 것이다.

결국, 회복력은 우리 삶에서 도전을 피하거나 난관을 제거하는 것이 아니라, 용기와 적응력과 목적의식을 가지고 그에 맞설 수 있는 역량을 개발하는 것과 관련된 것이다. 유대인의 전통이 우리에게 일깨워 주는 것은, 도전이 인간의 경험에 고유한 것이며, 그에 대한 우리의 대응이 우리의 성품을 조성하고, 우리의 여정(旅程)을 규정한다는 것이다.

우리는 유대인의 역사와 지혜, 그리고 심리학에서 배운 것을 지침 삼아 회복력을 함양할 수 있다. 그런 다음 장애나 실패나 불확실성에 직면할 때, 우리는 정신력과 신앙과 공동체의 지원을 이용하여 도전을 극복하고, 인격적으로 성장하며 계속 앞으로 나아갈 수 있다.

역경에 직면하면, 유대인의 회복력에서 교훈을 받아 정신을 가다듬고 변함없는 투지와 신앙과 소망을 가지고 인생의 도전을 헤쳐나가도록 하자. 그렇게 함으로써 우리는 미래 세대가 용기와 힘으로 시련에 맞서도록 고무해 준 앞서 왔던 사람들의 힘을 기리게 되는 것이다.

유대인의 회복력에 비추어 볼 때, 힘을 기르는 일은 계속 진행되는 것임을 인식하는 것이 매우 중요하다. 이를 위해서는 자기 인식과 내적 성찰, 그리고 개인적 성장에 대한 의지가 필요하다. 우리가 직면하는 각각의 도전은 배움과 성장과 회복력 개발의 기회를 준다.

회복력을 기르려면, 도전을 극복할 수 없는 장애물이 아니라, 성장의 기회로 보는 마음가짐을 갖는 것이 필수적이다. 이러한 시각은 우리로 하여금 역경을 개인적인 변화와 힘을 길러주는 촉매로 재인식하게 해준다. '제어할 수 없다'에서 '할 수 있다'로 우리의 초점을 전환함으로써 우리는 회복력과 투지로 대응할 수 있는 힘을 얻는다.

더욱이 회복력은 단독으로 추구하는 것이 아니라, 의미 있는 인간관계와 공동체 지원의 배경 속에서 길러지는 것이다. 유대인의 가치인 '헤세드(Chesed)' 즉 자애로운 행동은 어려움에 직면한 다른 사람들에게 도움과 동정을 베풀 것을 일깨워 준다. 우리는 공동체 내에서 공감과 이해와 지원의 문화를 육성하여 어려운 사람들을 고양해 주고 북돋아 주는 회복 네트워크를 만들어 낸다.

회복력을 만들려면 육체적, 정서적, 영적 웰빙을 증진하기 위한 대응 전략과 자기 관리 습관을 개발하는 것도 필요하다. 운동, 마음 챙김, 자기 성찰 등은 스트레스를 줄이고, 정서적 웰빙을 증진하며, 정신력을 배양하는 데 도움이 된다. 자연과 친해지고, 창작 활동에 매진하고, 영적인 지도를 구하는 것도 회복력을 기르는 또 다른 방안이다.

역경에 처했을 때, 회복력은 홀로 도전에 맞서는 것을 의미하지 않는다는 점을 기억하는 것이 중요하다. 신뢰하는 친구들, 가족들, 정신 건강 전문가들에게 도움을 구하면 소중한 지침과 견해, 격려를 얻을 수 있다. 지원 체계의 구축은 우리가 짐을 분담하고, 새로운 통찰을 얻고, 어려운 상황을 헤쳐나가는 데 도움이 되는 자원을 이용하게 해준다.

뿐만 아니라, 회복력은 양자택일의 속성을 가진 것이 아니라, 다양한 영역에 걸쳐 있는 것이다. 우리는 모두 연약하고 걱정스럽고 피곤한 순간들이 있다. 이러한 감정을 인정하고 존중하는 것은 우리 스스로가 처리하고 치유할 수 있는 여지를 주는 데 필수적이다. 회복력은 감정을 억제하는 것을 의미하는 것이 아니라, 오히려 소망과 투지와 극복 역량에 대한 자신감을 유지하면서 그것들을 인간 경험의 한 부분으로 받아들이는 것이다.

결론적으로, 유대인의 전통은 도전을 헤쳐나가고 회복력을 기르는 데 풍부한 지혜와 영감을 제공한다. 유대인의 역사와 지식, 심리학 연구에서 얻은 교훈으로 우리는 역경을 극복하고 성공하는 데 필요한 내적 강인함과 적응력을 개발할 수 있다. 더욱이, 공동체의 힘을 이용하고, 자기 관리를 실천하고, 지원을 구하고, 도전을 성장의 기회로 재인식함으로써 우리는 회복력을 강화하고 다른 사람들도 따라 하도록 격려해 줄 수 있다.

우리가 삶의 시련을 헤쳐나갈 때, 우리 유산의 원천과 공동체의 지원에서 얻은 유대인의 회복력을 횃불 삼아 들고 가기를 바란다. 그렇게 함으로써 우리는 앞서 왔던 사람들의 회복력을 기리고, 우리 스스로는 힘과 소망을 가지고 나아가며, 더욱 회복력 있고 인정 많은 세상에 기여하는 것이다.

우리가 유대인의 역사와 전통에서 배울 수 있는 교훈 외에도, 회복력은 지극히 개인적인 인생 편력(遍歷)임을 인식하는 것이 중요하다. 각 개인의 경험과 강점, 어려움들은 독특한 것이며, 한 사람에게 있는 것이 다른 사람에게도 있지는 않을 것이다. 그러므로 우리의 필요와 상황에 맞는 다양한 전략을 모색하기 위해 개방성과 호기심과 자발성을 가지고 회복력에 접근하는 것이 중요하다.

유대인 전통의 가치 있는 한 가지 측면은 *에무나(Emunah), 즉 믿음의 개념이다. 믿음은 힘든 일을 겪을 때 위안과 위로와 목적의식을 줄 수 있다. 그것은 종교적 신념, 자연과의 유대감 또는 인간성 고유의 선함에 대한 믿음 등 다른 형태로 나타날 수 있다. 믿음을 기르면 폭풍 중에도 우리를 고정해줄 수 있으며, 불확실한 상황에 직면하더라도 소망 의식과 회복력을 심어줄 수 있다.

* 에무나(Emunah): 하나님의 속성인 신실하심을 의미하는 말로 한결같은 믿음을 뜻함.

회복력의 또 다른 필수 요소는 자기 성찰과 자기 연민이다. 우리의 강점, 가치, 취약점을 이해하면 자신을 더 잘 이해할 수 있다. 이러한 자기 인식을 통해 우리는 성장할 영역을 확인하고, 현실적인 기대치를 설정하며, 어려움을 겪는 동안 자기 연민을 실천할 수 있다. 우리는 애정과 이해로 자신을 대함으로써 정신력과 회복력의 토대를 만드는 것이다.

목적의식과 의미를 유지하는 것도 우리의 회복력을 높여 줄 수 있다. 유대인의 전통은 '티쿤 올람'의 추구, 즉 세상을 고쳐 더 나은 곳으로 만드는 것을 강조한다. 우리의 개인적인 목표와 행동을 더 큰 목적과 연결할 때 우리는 동기와 자극과 새로워진 회복감을 얻을 수 있다. 우리의 행동을 우리의 가치와 사회의 개선에 맞춤으로써 우리는 정신력과 투지의 원천을 이용하게 되는 것이다.

회복력은 우리의 감정을 부정하거나 억제하는 것을 의미하지 않는다는 점을 인정하는 것이 중요하다. 대신에, 회복력은 감정을 진정으로 느끼고 표현하는 능력을 포함하는 것이다. 그것은 우리의 감정을 받아들이는 것이며, 스스로 고민하고, 처리하고, 치유할 수 있게 하는 것이고, 힘든 감정을 극복해나가는 건전한 방법을 찾는 것이다. 우리는 우리의 감정적 경험을 받아들이고, 필요할 때 도움을 구함으로써 감정의 회복력을 키우고 전반적인 복지를 향상시키는 것이다.

끝으로, 회복력은 종착지가 아니라 계속적으로 실행되는 것이다. 이에는 인내심과 끈기, 좌절과 실패로부터 배우려는 자발적 의지가 필요하다. 장애에 직면하고 어려운 일을 만났을 때, 우리는 그것을 성장과 배움의 기회로 볼 수 있다. 모든 도전은 사람에게 회복력을 길러주고, 새로운 기량을 개발하게 해주며, 내부의 개발되지 않은 자질을 발견하게 해준다.

결론적으로, 유대인의 전통은 회복력 함양에 대한 소중한 통찰을 제공한다. 신앙, 자기 성찰, 목적의식, 정서적 웰빙 등에 힘입어 우리는 회복력을 키우고 더 큰 힘과 낙관주의로 삶의 도전을 헤쳐나갈 수 있다. 우리의 안정적인 여정을 통해 우리는 개인적 성취를 얻으며, 다른 사람들을 고무하고 북돋아 주게 된다.

우리가 불가피한 삶의 폭풍에 직면할 때 유대인의 회복력에서 얻은 교훈이 우리를 인도하여, 우리의 정신력과 공동체의 힘과 성장하고 변화할 수 있는 무한한 잠재력을 일깨워 주기 바란다. 우리는 회복력을 나침반 삼아 소망과 용기와 투지로 나아가면서 더욱 회복력 있고 인정 많은 세상을 만드는 데 기여하는 것이다.

우리가 유대교의 관점에서 회복력에 대한 탐구를 계속할 때는 회복력이 단독의 노력으로 추구하는 것이 아니라, 집단적인 노력으로 추구하는 것이라는 점을 인정하는 것이 매우 중요하다. 유대인의 전통은 도전을 극복하는 데 있어 공동체의 가치와 단결된 힘을 강조한다. 공동체의 지원, 격려, 공유된 경험은 회복력을 위한 강력한 토대를 제공할 수 있다.

유대인 공동체에는 지원과 유대관계를 얻는 다양한 방법이 있다. 회당, 주민 센터, 친목 모임 등을 통해 사람들은 단합하고, 사연을 나누고, 어려울 때 서로 의지할 수 있다. 또한 집단적인 기도와 공부와 의식(儀式)의 힘은 개개인이 공동체의 집단적인 에너지와 신앙심을 이용할 때 기운을 북돋아 주고 소속감을 기르며 회복력을 강화하는 데 도움이 될 수 있다.

공동체의 지원 외에도 유대인의 가르침은 개인의 책임과 회복력을 키우기 위한 적극적인 대처의 중요성을 강조한다. 이에는 긍정적인 사고방식을 개발하고, 지식과 지혜를 구하며, 개인적 성장을 위해 적극적으로 힘쓰는 것이 포함된다. 토라와 *탈무드 같은 유대교의 경전은 윤리적 삶, 도덕적 가치, 정의 추구 등에 대한 지침을 제공한다. 우리의 행동을 이러한 가르침에 맞춤으로써 우리의 회복력을 향상시키고 공동체의 복지에 기여하게 되는 것이다.

* 탈무드(Talmud): 유대교의 율법, 전통적 습관, 축제, 민간전승, 해설 등을 총망라한 유대인의 정신적, 문화적 유산으로 유대교에서는 토라 다음으로 중요시된다.

더욱이 유대인의 전통은 어려움 가운데서도 삶의 축복에 대한 고마움과 감사하는 마음을 가질 것을 권장한다. 기도문을 낭송하고 매일의 경험에 대해 감사를 표하는 것은 우리의 초점을 우리가 가지지 못한 것에서 우리가 가진 것으로 전환함으로써 회복력을 키워준다. 감사는 우리가 균형감을 유지하며, 사소한 것에서 기쁨을 얻고, 긍정적인 인생관을 기르는 데 도움이 되며, 이는 회복력과 소망으로 역경에 맞서는 능력을 키워준다.

테슈바(Teshuvah), 또는 회개라는 개념은 유대인 회복력에서 또 하나의 필수적인 측면이다. 그것은 우리의 실수를 인정하고, 그것으로부터 배우며, 우리 자신과의 관계를 개선하려고 노력하는 것이다. 테슈바는 회복력에는 자기 성찰, 책임감, 성장의 과정이 포함된다고 가르친다. 개인적인 변화의 기회를 포착하고, 필요할 때 고쳐줌으로써, 우리는 힘을 키우고, 우리 자신, 다른 사람, 그리고 하나님과 더욱 확고한 관계를 형성하는 것이다.

역사 전반에 걸친 유대인 지도자들의 이야기와 지혜를 탐구해 보면, 우리는 역경에 맞서 회복력을 구현한 역할 모델들을 발견한다. 그들의 경험은 우리가 삶에 적용할 수 있는 영감과 실제적인 교훈을 제공한다. 이스라엘 백성들을 노예

생활에서 이끌고 나오려는 모세의 결단으로부터 정의와 평등을 옹호하는 현대 유대인 행동주의자들에 이르기까지, 이들은 뿌리 깊은 신앙심, 가치에 대한 헌신, 확고한 결단 등에서 우러나오는 회복력의 전형적인 예가 되고 있다.

*유대교에 따르면 회복력은 단순한 생존이나 역경으로부터 살아 돌아오는 것 이상의 것이다. 그것은 역경 속에서 성장하고, 변화하고, 번영하는 능력을 포함하는 것이다. 이는 역사 전반에 걸쳐 유대 민족의 끈질긴 정신과 회복력을 보여주는 증거이다. 이는 정신력과 은혜로 삶의 시련을 헤쳐나가려고 하는 모든 사람들에게 자극제가 되어준다.

* 유대교(Judaism): 유대인의 신앙 및 문화적 전통, 관습, 가치관 및 삶의 방식을 모두 아우르는 개념

결론적으로, 유대인의 전통은 회복력으로 가는 길을 밝혀주는 지혜와 이야기와 가르침의 풍부한 *태피스트리를 제공해 준다. 우리는 공동체의 힘을 이용하고, 긍정적인 사고방식을 기르고, 감사를 실천하고, 개인적 성장에 힘쓰고, 유대인 지도자들의 사례에서 교훈을 얻음으로써 우리의 회복력을 키우고 다른 사람들이 회복하도록 자극할 수 있다.

* 태피스트리(tapestry): 다양한 색상의 실로 짠 장식용 직물. 다양한 사례들을 한데 모아 놓은 것을 의미함

유대인의 회복력에서 얻은 교훈이 우리의 여정을 인도하

여 힘과 연민과 확고한 신앙심으로 도전에 맞설 수 있게 해 주기를 바란다. 우리가 안정된 길을 걸을 때, 공동체 안에서 위로와 지원을 받고, 우리의 유산에서 지혜를 얻으며, 회복력 있고, 인정 많고, 희망에 찬 세상을 만드는 데 기여하기를 바란다.

제3장

성공을 위한 미츠보트의 중요성

미츠보트는 유대인의 관습에서 중심이 되는 계명이나 선한 행위들이다. 이 장에서는 미츠보트를 따르는 것이 어떻게 삶에서 성공과 성취로 이끌 수 있는지를 탐구할 수 있을 것이다.

- 미츠보트에 대한 설명과 유대인 관습에서 미츠보트의 중요성
- 성공과 성취로 이끌 수 있는 미츠보트의 사례
- 미츠보트를 따를 때 얻을 수 있는 영적인 이점 논의

성공을 위한 미츠보트의 중요성

유대인 전통에서 미츠보트는 개개인을 의미 있고 목적 있는 삶, 하나님과 연결된 삶으로 인도하는 계명이나 행위들이다. 이들 계명은 의식(儀式) 준수, 윤리적 행동, 타인에 대한 친절한 행동 등 많은 관습을 망라하고 있다.

미츠보트가 성공에 기여하는 하나의 기본적인 방법은 목적 있고 의미 있는 삶을 위한 틀을 제공하는 것이다. 미츠보트를 따름으로써 보다 분명한 명확성과 목적을 가지고 삶의 도전과 기회를 헤쳐나가도록 도와주는 규범의식과 자기 인식과 영적 성장을 함양할 수 있다.

예를 들어, 안식일 준수의 미츠보트는 휴식감과 회복, 그리고 가족, 공동체, 하나님과의 깊은 관계를 증진하는 것을 도울 수 있다. 마찬가지로, 체다카 즉 자선 기부의 미츠보트는 다른 사람에 대하여 공감과 연민과 관대함을 기르는 것을 도울 수 있다.

더욱이 미츠보트는 더 넓은 유대인 공동체 및 전통과 지속적으로 유대관계를 맺게 해준다. 사람들은 조상들과 동일한 계명을 따름으로써, 더 큰 회복력과 목적을 가지고 삶의 도전과 기회를 헤쳐나가도록 도와주는 풍부한 지혜와 통찰력의 유산을 활용할 수 있게 된다.

미츠보트를 따르는 데 있어 결정적인 난제의 하나는 율법 조문과 그 정신의 균형을 맞추는 것이다. 미츠보트는 의미 있고 목적 있는 삶을 살기 위한 틀을 제공하지만 그것을 맹목적으로 또는 기계적으로 따라야 하는 것을 의미하지는 않는다. 대신에, 세상의 변화하는 요구와 상황에 대한 끊임없는 성찰과 해석과 적응의 과정이 필요하다.

이런 의미에서, 미츠보트는 각 세대에 의해 끊임없이 갱신되고 재해석되는 역동적이고 진화해가는 전통으로 볼 수 있다. 그러므로 미츠보트를 사려 깊게 성찰하여 숙고함으로써, 삶의 모든 측면에서 성공을 거두도록 도울 수 있는 유대인의 전통과 깊고 의미 있는 유대관계를 맺을 수 있다.

다음 장들에서 우리는 기도, 공부, 윤리적 행동, 남에 대한 친절한 행동 등을 포함하여 몇 가지 중요한 미츠보트와 성공 성취와의 관련성을 탐구할 것이다. 미츠보트의 지침을 따름으로써 주위의 세상에 긍정적인 영향을 미치면서 목적 의식과 의미를 보다 깊게 하고 하나님과의 관계를 돈독히 할 수 있다.

미츠보트의 개념, 또는 계명은 유대교에서 큰 중요성을 지니고 있다. 미츠보트는 단순히 종교적 의무가 아니다. 그것은 의미 있고 목적 있는 삶을 만드는 청사진 역할을 한다. 이 장에서 우리는 미츠보트의 준수와 삶의 다양한 측면에서 성공하는 것 사이의 깊은 연관성을 탐구할 것이다. 우리는 어떻게 미츠보트가 지침을 제공하고, 개인적 성장을 촉진하고, 인간관계를 강화하고, 개개인과 공동체에 축복을 가져오는지를 탐구할 것이다.

제1절 미츠보트 지시등(指示燈)

미츠보트는 유대인 윤리의 초석을 이루고, 삶의 복잡한 문제들을 헤쳐나가는데 도덕적 나침반을 제공한다. 그것들은 하나님의 인도하심과 지혜를 나타내며, 윤리적 삶을 위한 종합적인 틀을 제공한다. 계명을 따름으로써 사람들은 결정을 내릴 때 명확성과 방향성을 얻게 되며, 그들의 행동이 더 높은 가치와 원칙에 확실하게 부합되게 된다. 이러한 윤리적 행동을 고수하는 것은 개인적 성장과 온전함과 성공으로 이끄는 지시등이 된다.

성품과 미덕 배양하기

미츠보트의 준수는 개인의 성공에 도움이 되는 성품 특성과 미덕을 배양한다. 친절한 행동(제밀룻 차사딤), 정직(에멧), 감사(하크라트 하토프)와 같은 계명들이 사람의 성품과 행동을 만들어 내는 것이다. 이들 미덕은 긍정적인 인간관계를 만들고, 신뢰를 구축하며, 개인적, 직업적 성공을 위한 견고한 기반을 조성한다. 이러한 자질들을 구현함으로써 사람들은 기회를 잡고, 존경을 얻으며, 다른 사람들을 고무해 준다.

제2절 영적인 성장과 관계 증진하기

하나님과의 관계 심화하기

미츠보트는 하나님과 연결하고 더 깊은 영적 관계를 맺게 하는 통로이다. 기도, 안식일 준수, 성경 연구 등을 통해 사람들은 영성을 기르고 목적의식을 강화한다. 이러한 하나님과의 관계는 어려운 시기에 위로와 인도하심과 힘의 원천을 제공한다. 또한 회복력, 내적 평화, 초월성에 대한 인식 제고 등을 촉진하여 전반적인 성공과 복지에 기여하게 된다.

의미와 성취감 찾기

미츠보트를 준수하는 것은 사람들이 삶에서 의미와 목적을 찾는 데 도움이 된다. 의식을 거행하고 계명을 이행하는 것은 일상적인 행동에 영적인 의미를 불어넣는다. 체다카(자선적 기부) 행동에 참여하는 것이나, 음식 규정(카슈루트)을 지키는 것이나, 명절(축제)을 참관하는 것이나, 이러한 관습들은 삶에 목적의식을 불어넣고 성취감을 만들어 낸다. 이러한 의미감은 전반적인 복지를 향상시키고, 사람들을 엄청난 성공과 만족으로 몰고 간다.

제3절 인간관계 강화 및 공동체 구축

자애(慈愛)와 긍휼 함양하기

미츠보트는 다른 사람들에 대한 자애(헤세드)와 *긍휼(라카민)의 중요성을 강조한다. 친절한 행동, 환자 문병, 문상(問喪)하기 등은 미츠보트가 어떻게 공감을 키우고 인간관계를 강화하는지 보여주는 몇 가지 사례이다. 다른 사람들의 웰빙을 우선함으로써 사람들은 의미 있는 유대관계를 구축하고, 지원 체계를 조성하며, 공동체의 복지에 기여한다.

이러한 사랑과 지원의 유대관계는 개인과 공동체의 성공을 촉진한다.

* 긍휼(矜恤/compassion): 불쌍하고 가엾게 여겨(연민) 도와줌

사회 정의와 윤리적 책임감 증진하기

많은 미츠보트는 사회 정의와 공정성과 윤리적 책임감을 옹호한다. 정의 추구(체데크)와 약자 돌보기(티쿤 올람)와 같은 계명은 세상을 고치는데 헌신하는 것을 나타내는 것이다. 개개인은 사회 정의를 위한 행동에 참여하고, 평등을 옹호하며, 사회 문제에 대처함으로써 정의롭고 공평한 사회를 만드는데 기여한다. 사회적 책임을 위한 이러한 헌신은 개인적 성취를 가져올 뿐만 아니라, 번영하는 공동체, 조화로운 공동체를 만드는 토대를 마련하기도 한다.

소속감과 지원자 만들기

미츠보트의 준수는 소속감과 지원하는 공동체를 만들어낸다. 공동 기도에 참여하고, 명절을 축하하고, 공통된 의식

(儀式)에 참여하는 것은 유대인 공동체 내의 유대관계를 강화한다. 이러한 소속감은 개인적, 집단적 성공에 필수적인 지원 네트워크와 격려와 공유 가치를 제공한다. 미츠보트를 함께 지키면서 사람들은 소속하고 성장하고 목표를 성취할 곳을 얻는 것이다.

제4절 하나님의 축복 구하기

축복의 통로 열기

미츠보트는 하나님의 축복을 구하고 풍성함을 이끌어내는 것이라고 믿어지고 있다. 미츠보트를 준수하는 것이 자신을 하나님의 뜻에 맞추고 삶에 축복을 불러들이는 일로 여겨진다는 것이다. 계명을 이행함으로써 개개인은 하나님의 은혜와 축복이 흐를 수 있는 영적인 통로를 만든다. 이들 축복은 물질적 번영, 건강, 조화로운 인간관계, 삶의 전반적인 성공 등 다양한 형태로 나타날 수 있다.

하나님의 섭리 신뢰하기

미츠보트의 준수는 하나님의 섭리에 대한 깊은 신뢰감을 심어준다. 유대인 전통에서는 미츠보트를 충실히 지키면 하나님께서 보상하신다고 가르친다. 사람들은 하나님의 인도하심과 계획에 신뢰를 둠으로써 도전에 직면하더라도 안도감과 자신감을 얻는다. 하나님의 섭리에 대한 이러한 신뢰는 초월적인 능력이 그들의 노력을 도와준다는 것을 알게 함으로써 인내하고, 장애를 극복하며, 성공의 기회를 포착하도록 힘을 준다.

결론

유대교에서 미츠보트를 지키는 것은 종교적 의무이자 개인적, 집단적 성공으로 가는 길이다. 계명을 따름으로써 사람들은 하나님의 지혜로 인도받고, 영성을 키우며, 미덕을 개발하고, 공동체 내에 강력한 인간관계를 구축한다. 미츠보트는 회복력과 진실성과 목적의식을 길러 윤리적으로 살아가기 위한 틀을 제공한다. 그것이 하나님의 축복의 통로를 열어 삶의 모든 측면에 풍성함과 성취를 가져오는 것이다.

미츠보트를 일상생활에 통합함으로써 사람들은 유대인의 가치에 깊게 뿌리박고 있는 삶, 목적과 연민과 하나님과의 관계에 이끌리는 삶을 만들어 낸다. 그들이 개인적, 직업적, 영적인 여정에서 성공하기 위해 노력할 때, 미츠보트의 준수는 앞길을 밝혀주고 그 과정에서 축복을 가져오는 지시등이 된다.

우리가 유대교 미츠보트의 중요성에 자극을 받아 이들 계명을 받아들이고, 그것을 준수함으로써 성공을 거두며, 의(義)와 연민과 하나님의 축복이 가득한 세상에 기여하기를 바란다.

성공을 위한 미츠보트의 중요성에 대한 탐구를 마무리하면서, 반드시 기억해야 할 것은 이들 계명의 진정한 본질은 단지 그것을 수행하는데 있는 것이 아니라, 그 이면에 있는 의도와 진정성에 있다는 점이다. 미츠보트는 단순히 순종하는 행동만을 의미하는 것이 아니다. 그것은 개인적으로 성장하고, 영적인 연결을 맺고, 세상에 의미 있는 참여를 하는 기회인 것이다.

우리가 마음을 다하여 의도적으로 미츠보트 준수에 임할 때, 거기에 더 깊은 목적의식과 진정성을 불어넣게 된다. 그것은 단순히 의무 목록에 체크 표시를 하는 것이 아니라, 우리의 삶을 하나님의 뜻에 맞추려는 진정한 소망을 키우는 것이다. 이렇게 함으로써 우리는 미츠보트의 변화시키는 힘을 이용하고, 성공과 성취를 가져올 수 있는 진정한 잠재력을 발휘하는 것이다.

더욱이, 성공은 사람에 따라 다를 수 있다는 점을 인식하는 것이 중요하다. 외적 성취와 물질적 부가 성공의 지표가 되기는 하지만, 진정한 성공은 종합적인 관점에서의 웰빙을 아우르는 것이다. 여기에는 개인적 성장, 건전한 인간관계, 내적 평화, 세상에 대한 기여의식 등이 포함된다. 미츠보트는 이런 차원에서의 성공을 촉진하고, 우리가 목적 있고 의미 있는 삶을 살아가도록 돕는 틀을 제공해 준다.

미츠보트 준수를 통해 성공을 추구하려면 열린 마음과 기꺼이 배우고 성장하려는 마음으로 접근하는 것이 중요하다. 이는 계명의 이면에 있는 가치와 원칙을 받아들이고, 더 깊이 이해하려고 힘쓰며, 계명의 가르침을 더 훌륭하게 구현하기 위해 노력하는 것을 의미한다. 그것은 자아 발견을 계속해가는 여정으로, 각각의 미츠바(Mitzvah/계명)는 개인적인 변화의 기회가 되고, 최대한의 잠재력을 발휘하기 위한 발걸음이 된다.

미츠보트의 준수가 인생의 특정 시기나 연령에 국한되지 않는다는 점은 주목할 만하다. 모든 개인은 어린 시절부터 노년기까지 미츠보트를 통해 의미와 목적과 성공을 얻을 수 있다. 안식일 촛불을 밝히거나, 자선 활동에 참여하거나, * 윤리적 사업 관행에 참여하거나 함으로써, 각 미츠바는 우리의 삶을 형성하고 전반적인 성공에 기여할 수 있다.

* 윤리적 사업 관행(ethical business practices): 기업을 윤리적, 사회적, 환경적으로 책임 있는 방식으로 운영하는 것으로 윤리 경영 또는 지속가능(ESG) 경영이라고도 한다.

결론적으로, 유대인의 성공을 위한 미츠보트의 중요성은 아무리 강조해도 지나치지 않는다. 이들 계명의 준수는 삶의 지침을 주고, 영성을 키워주며, 인간관계를 강화해 주고, 하나님의 축복을 불러온다. 미츠보트를 통해 우리는 우리의 삶을 시대를 초월하는 가치와 원칙에 맞추어 조정함으로써 개인적 성장과 성취를 이루고, 강한 목적의식을 갖게 된다. 우리가 미츠보트 준수를 받아들일 때, 물질적 영역뿐만 아니라, 정신적 영역, 인간관계, 세상에 대한 기여 등에서도 성공을 거둘 수 있을 것이다. 미츠보트의 실천이 우리 삶을 풍요롭게 하고, 하나님께 더 가까이 가게 하며, 더욱 인정 많고 공정하고 번영하는 세상을 만드는데 기여하기를 바란다.

우리가 성공을 위한 미츠보트의 중요성에 대한 탐구를 계속하면서, 계명 준수가 누구에게나 다 맞는 접근법은 아니라는 점을 인식하는 것이 중요하다. 유대교가 아우르고 있는 다양한 미츠보트는 개인과 공동체의 웰빙에 각각 나름대로 독특한 의미와 영향력을 가지고 있다. 어떤 미츠보트가 자신에게 공감을 주고 자신의 가치와 삶의 상황에 부합하는지 분별하는 것은 각자에게 달려 있다.

미츠보트 준수를 통해 성공을 추구하는 데는 의례(儀禮)의 실천과 내적인 변화 사이의 균형을 이루는 것이 중요하다. 미츠보트는 시대를 초월한 전통과 가르침을 바탕으로 우리의 행동 구조를 제공한다. 그렇지만 표면적인 수준의 준수를 넘어서 우리의 행동에 의도와 의미와 개인적 성찰을 불어넣는 것도 똑같이 중요하다.

예를 들어, 체다카(자선적 기부)를 하는 것은 단순히 돈을 기부하는 일만이 아니라 관대함과 공감과 사회적 책임 의식을 함양하는 것이다. 이는 모든 인간의 고유한 존엄성과 가치를 인식하고, 고통을 덜어주고, 보다 공정한 사회를 만드는 일에 적극적으로 나서는 것이다. 우리가 이러한 깊이 있는 이해를 가지고 미츠보트에 접근할 때, 그것은 개인적 성장과 사회 변화를 위한 강력한 도구가 된다.

더욱이 미츠보트 준수는 별개의 동떨어진 관습이 아니라 기도, 공부, 공동체 참여와 같은 유대인 생활의 다른 측면들과 얽혀 있다. 이들 요소는 조화롭게 작용하여 성공을 위한 총체적 접근 방식을 만들어 낸다. 기도는 하나님과 교제하고, 인도하심을 구하고, 감사를 표현하는 수단을 제공한다. 공부는 미츠보트와 그 속에 담긴 지혜, 현재 삶에의 적용 등에 대한 이해를 깊게 해준다. 공동체 참여는 공동의 목적을 위한 유대와 지원과 집단적 노력을 촉진해 준다.

또한 겸손함과 성장 개방성을 가지고 미츠보트 준수에 접근하는 것이 중요하다. 아무도 율법을 완벽하게 준수할 것으로 기대되지는 않으며, 유대교는 인간 본성 고유의 불완전성을 인정한다. 그러므로 미츠보트를 이행하는 것은 실수를 저지르고 용서를 구하는 평생 학습 과정이다. 이 과정을 통해 우리는 회복력, 자기 연민, 적응하고 성장하는 능력 등을 함양한다.

결론적으로, 미츠보트의 준수는 유대인이 생각하는 성공에서 필수적이다. 그것은 윤리적인 삶, 영적인 연결, 개인적 성장, 공동체 참여 등을 아우르는 다면적인 관습이다. 미츠보트 준수를 받아들임으로써, 우리는 지침과 의미와 개인 및 공동체가 번영하는 길을 제공해 주는 풍부한 전통을 활용하게 되는 것이다.

우리가 삶의 복잡한 문제들을 헤쳐나갈 때, 미츠보트의 준수가 우리를 단순한 외적 성취를 넘어 정신생활, 인간관계, 세상에 대한 기여 등에서의 풍요로움을 아우르는 성공으로 인도하기를 바란다. 우리가 미츠보트의 지혜에서 영감과 힘을 얻고, 그것이 우리의 삶에서 축복과 목적과 성취의 원천이 되기를 바란다.

제4장

유대인 지도자들로부터 배우기: 역사적 성공 스토리

유대인의 전통에서 많은 역사적 인물들이 다양한 분야에서 큰 성공을 거두었다. 이 장에서는 그들의 이야기와 우리가 그들로부터 배울 수 있는 것에 대해 검토할 수 있을 것이다.

- 다양한 분야에서 성공을 거둔 역사적 유대인 인물들 개관
- 그들의 이야기와 우리가 그들로부터 배울 수 있는 것이 무엇인지 고찰
- 그들의 성취가 유대인의 가치와 어떻게 부합하는지에 대해 논의
- 사업, 과학, 문학, 정치 등 다양한 분야에서 성공한 역사

적 유대인 인물들 개관
- 그들의 이야기와 인내, 겸손, 감사 등 그들의 성공에 기여한 유대인의 가치와 관습 검토
- 현대의 성공 스토리와 비교 및 이들로부터 배울 수 있는 교훈

역사적으로 유대인은 세상에 지울 수 없는 흔적을 남긴 뛰어난 지도자들을 갖는 축복을 누려왔다. 성경 속 인물들로부터 현대의 선구자들까지, 이 사람들은 삶의 다양한 영역에서 성공에 기여하는 원칙과 가치의 전형적인 예가 되고 있다. 이 장에서 우리는 몇몇 유대인 지도자들의 삶을 탐구하면서 그들의 이야기에서 교훈과 영감을 얻을 것이다. 그들이 걸어온 회복력과 혁신과 연민과 지적 역량의 여정은 우리에게 성공으로 가는 길을 안내하는 귀중한 통찰을 제공한다.

제1절 성경 속의 지도자들

모세(Moses): 비전 있는 지도자

위대한 선지자이자 이스라엘 백성의 해방자인 모세는 리

더십에 대한 깊은 교훈을 준다. 정의와 용기와 겸손에 대한 그의 확고한 의지는 이스라엘 백성을 이집트의 속박에서 이끌어냈으며, 광야를 지나 약속의 땅으로 인도하였다. 모세는 비전과 인내와 도덕적 명확성의 힘을 보여주었으며, 우리로 하여금 진실성을 갖고 지도하며, 도전을 받아들이고, 더 높은 목적을 추구하도록 자극하고 있다.

에스더 왕비(Queen Esther): 용기 있는 옹호자

에스더의 이야기는 용기와 옹호의 변화시키는 힘을 대표적으로 보여준다. 페르시아 제국의 유대인 왕비로서 그녀는 자기 민족을 집단 학살로부터 구하기 위해 목숨을 걸었다. 에스더의 용기, 전략적 사고, 복잡한 정치적 역학 관계에 대처하는 능력은 우리에게 정의를 옹호하고, 권력에 대해 진실을 말하고, 영향력 있는 지위를 이용하여 긍정적인 변화를 만들어 내는 것의 중요성을 가르쳐준다.

제2절 학자와 지적 지도자들

랍비 아키바(Rabbi Akiva): 인내와 평생 학습

*미슈나로 유명한 학자인 랍비 *아키바는 회복력과 평생 학습의 원칙을 구현하고 있다. 공부를 늦게 시작했음에도 불구하고, 그는 유대인 역사상 가장 위대한 현자 중 한 사람이 되었다. 지적 성장, 적응력 및 끈기에 대한 랍비 아키바의 의지는 우리에게 지속적인 학습, 도전의 수용, 결코 과소평가할 수 없는 우리의 성장 및 성공 잠재력의 중요성을 가르쳐준다.

* 미슈나(Mishnah): 유대교 랍비들에 의해 구전(口傳)된 가르침을 집대성한 것이며, 여기에 해설을 덧붙인 것이 탈무드(Talmud)이다.

* 아키바(Akiva): 미슈나의 기초를 만들어 미슈나의 아버지로 불리며, 탈무드의 최초 편집자가 되었다. 그는 죽는 날까지 로마로부터의 독립과 예루살렘의 재건을 위해 유대인들 가슴에 배움의 씨앗을 심은 민족 영웅이었다.

마이모니데스(Maimonides): 지식과 미덕의 통합

마이모니데스는 람밤(Rambam)으로도 알려져 있으며, 지적 탁월함과 도덕적 미덕이 통합된 전형적인 예이다. 의사, 철학자, 유대 법전의 편찬자로서 그는 지식과 윤리가 어떻게 한데 얽혀 성공적인 삶을 이룰 수 있는지를 보여주었다. 마이모니데스는 지적 엄격함과 긍휼과 균형 잡힌 삶을 강조함으로써 우리의 모든 삶에서 탁월함을 추구하면서 지혜와 성품을 함양하도록 자극을 준다.

제3절 혁신자와 비전가

알베르트 아인슈타인(Albert Einstein): 과학과 영성의 연결

20세기 가장 위대한 과학자 중 한 명인 알베르트 아인슈타인은 그의 유대 문화 유산과 *지식의 통합에 대한 깊은 이해를 지니고 있었다. 그의 획기적인 이론은 물리학에 혁명을 일으켰고, 그의 도덕적 신념과 평화 옹호는 과학적 탐구와 윤리적 책임의 상호 연관성을 보여주었다. 더욱이, 과학과 영성의 영역을 연결하는 아인슈타인의 능력은 우리에게 다양한 관점을 포용하고, 다른 지식 영역 간의 조화를 추구하며, 우리의 재능을 인류를 이롭게 하는 데 사용하는 것의 중요성을 가르쳐준다.

* 지식의 통합(unity of knowledge): 지식은 본질적으로 통일성을 가지고 있

다는 생각을 바탕으로 자연과학과 인문학 등 다른 분야의 학문들을 서로 연결하고자 하는 통합 학문 이론이며, 통섭(統攝/Consilience)이라고도 한다.

골다 메이어(Golda Meir): 리더십과 결단력

이스라엘 최초의 여성 총리인 골다 메이어(Golda Meir)는 강인함과 리더십과 결단력의 전형적인 예가 된다. 그녀는 이스라엘 국가를 세우고 지키려는 확고한 의지를 비전 있는 리더십과 역경에서의 회복력으로 보여주었다. 공공 서비스, 외교 및 여권(女權) 신장에 대한 메이어의 헌신은 우리로 하여금 장애물을 극복하고, 용기있게 이끌어가고, 목표를 향해 끈기를 가지고 일하도록 자극을 준다.

제4절 인도주의 지도자들

헨리에타 솔드(Henrietta Szold): 사회 운동과 자선 사업

저명한 시온주의자이자 인도주의자인 헨리에타 솔드는 사회 운동과 자선 사업에 평생을 바쳤다. 그녀는 의료 및 교육 기관을 설립하고 여성의 권리를 위해 싸웠다. 홀로코스트 기간 동안 유대인 어린이들을 구출하는 데 중요한 역할을 했다. 사회 정의와 긍휼과 공동체 향상을 위한 솔드의 확고한 의지는 개인이 어떻게 다른 사람의 삶에 실질적인 변화를 만들 수 있는지 보여주는 강력한 예이다. 그녀의 유산은 우리가 친절한 행동을 우선하고 자선 활동에 참여하며, 보다 정의롭고 공평한 사회를 위해 노력하도록 자극을 준다.

엘리 위젤(Elie Wiesel): 증언과 도덕적 용기

홀로코스트 생존자이며, 노벨상 수상자인 엘리 위젤은 홀로코스트의 잔혹함을 증언하고 인권을 옹호하는 데 일생을 바쳤다. 저술과 행동주의 운동을 통해 위젤은 기억하고, 공감하고, 불의에 저항하는 일의 중요성을 세상에 상기시키는 도덕적 나침반이 되었다. 진실과 화해와 정의 추구에 대한 그의 확고한 의지는 우리가 빛으로 어둠에 맞서고, 말 못 하는 사람들을 위한 목소리가 되고, 역사의 교훈을 결코 잊지 않도록 자극을 준다.

제5절 사업과 자선 활동 지도자들

로스차일드(Rothschild) 가문: 기업가 정신과 자선 활동

재력(財力)과 자선 활동으로 유명한 로스차일드 가문은 기업가 정신과 혁신과 사회적 책임의 가치를 전형적으로 보여준다. 로스차일드 가문은 금융 제국을 통해 경제 발전을 촉진하고, 자선 활동을 지원했으며, 현대적인 금융 환경을 조성하는 데 중추적인 역할을 했다. 그들의 유산은 우리에게 윤리적 사업 관행과 전략적 사고와 사회에 유익하게 부와 영향력을 사용하는 것의 중요성을 가르쳐준다.

셰릴 샌드버그(Sheryl Sandberg): 역량 강화와 리더십

페이스북의 최고 운영 책임자인 셰릴 샌드버그는 여성의 역량 강화와 리더십에 대한 저명한 목소리가 되었다. 그녀의 베스트셀러 책인 『Lean In/뛰어들어라』는 여성이 자신의 야망을 추구하고, 장벽을 뛰어넘고, 그들의 직장과 공동체에서 지도자 역할을 맡도록 권장한다. 샌드버그의 양성평등 옹호, 역경에서의 회복력, 멘토링과 지원에 대한 의지는 우리가 사회적 규범에 도전하고, 기회를 받아들이고, 우리

방식대로 성공을 위해 노력하도록 자극을 준다.

결론

이 유대 지도자들의 이야기는 삶의 다양한 측면에서 성공을 이루는 데 소중한 통찰과 자극을 준다. 유대교의 기반을 조성한 성경 속 인물들로부터 사회에 영향을 미친 현대의 선구자들까지, 그들의 삶의 여정은 우리에게 회복력, 용기, 지적 성장, 긍휼, 윤리적 리더십에 대한 시대를 초월한 원칙을 가르쳐준다.

이러한 역사적 성공 스토리를 통해 우리는 성공으로 가는 길을 안내할 지혜를 얻는다. 우리는 모세와 같은 비전과 인내와 도덕적 명확성, 에스더 왕비와 같은 용기와 옹호의 변화시키는 힘, 마이모니데스와 같은 지식과 미덕의 통합의 중요성을 상기하게 된다. 우리는 알베르트 아인슈타인과 같이 전문 분야를 연결하고, 우리의 재능을 인류에게 유익하게 사용하는 것의 가치, 골다 메이어와 같은 결단력과 리더십의 중요성, 헨리에타 솔드와 같은 사회 운동과 자선 활동의 힘을 본다. 또한 우리는 엘리 위젤이 가르쳐준 증언과 도덕적 용기의 교훈, 로스차일드 가문이 보여준 기업가 정신

과 자선 활동의 원칙, 셰릴 샌드버그가 전형적인 예가 되어
준 역량 강화와 리더십의 중요성에서 영감을 얻는다.

이 유대인 지도자들의 삶을 되새겨보면서, 그들의 이야기
가 탁월함을 위해 노력하고, 도전을 받아들이고, 회복력을
키우고, 공동체와 세상에 의미 있는 공헌을 하도록 우리를
고무해 주기 바란다. 그들의 유산이 성공은 외적 성과뿐만
아니라 다른 사람에게 미치는 영향과 우리가 구현하는 가치
로 평가된다는 점을 지속적으로 일깨워 주기를 바란다.

자신들이 소중하게 여긴 원칙과 가치를 구현해 낸 이 놀
라운 인물들을 우리가 따라가기를 바라며, 그들의 이야기가
미래 세대를 위해 자극의 불꽃을 계속 일으켜 주기 바란다.

제6절 문화, 예술 지도자들

마크 샤갈(Marc Chagall): 예술적 표현과 유대인의 정체성

유명한 화가이자 예술가인 마크 샤갈은 자신의 유대인 정
체성과 영성을 반영하는 예술 작품을 만들었다. 그의 강렬
하고 상상력이 풍부한 그림은 유대인의 민속과 성경적 주제

와 개인적 경험의 독특한 조합을 보여주었다. 예술을 통해 자신의 정체성을 표현하고 심오한 차원에서 관객과 관계를 맺는 샤갈의 능력은 창의적인 표현의 힘, 문화 보존, 국경을 초월하는 예술의 능력을 일깨워 주는 역할을 한다.

레너드 번스타인(Leonard Bernstein): 음악과 창의성과 사회적 영향

세계적으로 유명한 작곡가이자 지휘자인 레너드 번스타인은 자신의 음악적 재능을 이용하여 서로 다른 문화 간의 차이를 해소하고 사회 변화를 촉진하였다. 번스타인은 그의 작곡과 공연를 통해 사람들을 통합시키고, 장벽을 허물고, 이해를 촉진하려고 하였다. 그의 예술적 탁월함을 위한 헌신과 교육에의 헌신, 사회 정의 추구는 우리가 창의적인 재능을 사용하여 다른 사람들을 격려해주고 북돋아 주어 화합과 긍정적인 변화를 촉진하도록 자극해 준다.

제7절 정치, 외교 지도자들

벤저민 디즈레일리(Benjamin Disraeli): 정치력과 외교

벤저민 디즈레일리는 유대계 영국 정치가로 총리를 역임했으며 19세기 영국 정치 체제를 형성하는 데 중추적인 역할을 했다. 디즈레일리의 정치 경력은 지성과 전략적 사고와 외교의 힘을 보여주었다. 복잡한 정치 상황을 헤쳐나가고 사회 변화를 촉진하는 그의 능력은 우리가 정치 영역에 참여하고, 공동체를 대변하고, 긍정적인 사회 변화를 위해 노력하도록 자극을 준다.

아바 에반(Abba Eban): 외교와 국제관계

이스라엘 외교관이자 학자인 아바 에반은 국제무대에서 이스라엘의 이익을 확고히 하고 증진하는 데 중요한 역할을 했다. 에반의 언변과 지성과 외교에의 헌신은 이스라엘의 승인에 기여하고 다른 국가와의 관계를 강화했다. 더욱이 국제적인 협력과 협상과 대화를 위한 그의 헌신은 우리에게 전 세계적 화합을 추구하는 데 효과적인 의사소통과 가교 구축과 이해 증진이 필요함을 일깨워 준다.

결론

예술, 문화, 정치, 외교 등 다양한 분야의 유대인 지도자들의 이야기는 우리에게 소중한 교훈과 자극을 준다. 그들의 여정은 우리에게 예술적 표현의 변화시키는 힘, 문화 보존의 중요성, 국경을 초월하는 예술의 능력을 다시 생각하게 해준다. 그들은 긍정적인 변화를 촉진하는 데 있어서 음악과 창의성과 사회적 참여가 미치는 영향에 대해 가르쳐주고 있다.

또한 정치, 외교 지도자들은 정치력과 전략적 사고와 국제 협력 추구의 힘을 보여준다. 그들의 이야기는 우리가 정치에 참여하고, 공동체를 대변하며, 긍정적인 사회 변화를 위해 일하도록 자극을 준다.

이 유대 지도자들의 삶을 되새겨보면서, 우리는 그들이 세상에 공헌한 다양한 방식을 생각해 본다. 그들의 창의적인 표현, 지적 추구, 정치적 수완, 인도주의적 노력은 사회에 지울 수 없는 흔적을 남겼으며 오늘날에도 계속해서 우리에게 자극을 주고 있다.

그들의 이야기가 성공은 다양한 형태로 이루어지며 다양

한 방법을 통해 성취될 수 있다는 점을 일깨워 주는 역할을 하기를 바란다. 우리의 길을 헤쳐나가면서, 유대인 지도자들이 보여준 사례와 교훈으로부터 영감을 얻어 창의성, 지적 성장, 윤리적 리더십, 긍정적인 변화 추구 등을 받아들이자.

그들의 유산이 우리가 공동체와 세상에 의미 있는 공헌을 할 수 있도록 고무해 주어, 우리의 재능, 열정, 가치를 지속적인 영향력을 미치는 데 사용하기를 바란다. 우리가 계속해서 그들의 이야기에서 배우고, 그들의 성취를 기리고, 그들이 모범으로 삼은 원칙과 가치를 옹호하면서 우리 삶의 성공을 위해 노력하기를 바란다.

제8절 철학자와 윤리적 지도자들

마틴 부버(Martin Buber): 대화와 실존 철학

저명한 유대 철학자 마틴 부버는 진정한 인간관계와 의미 있는 대화의 중요성을 강조하였다. 그의 "나와 너"의 철학은 진정한 관계의 변화시키는 힘과 사람 간의 만남을 통해 우리 자신과 남에 대한 이해가 깊어짐을 강조했다. 부버의

가르침은 화목한 관계와 개인적 성장을 촉진하는 데 공감과
적극적인 경청과 상호 존중 추구가 필요함을 일깨워 준다.

아브라함 조슈아 헤셸(Abraham Joshua Heschel): 영성과 사회 운동

   신학자이자 사회 운동가인 아브라함 조슈아 헤셸은 영성
과 사회적 책임 사이의 간극(間隙)을 메워주었다. 그의 유대
교에 대한 헌신과 *미국 민권 운동 기간의 민권 운동에 대한
의지는 신앙과 정의 추구가 불가분의 관계라는 그의 믿음을
보여주었다. 헤셸의 가르침은 우리가 불의와 싸우고 평등을
증진하기 위한 노력에 적극적으로 참여하면서 생명에 대한
경외심을 기르도록 고무해 준다.

* 미국의 민권 운동(the Civil Rights Movement): 1950~1960년대 미국
에서 흑인에 대한 차별 철폐와 참정권 획득을 위해 일어난 비폭력 저항 운동

제9절 과학, 기술 지도자들

조너스 소크(Jonas Salk): 과학적 발견과 인도주의

의학 연구자인 조너스 소크는 최초의 성공적인 소아마비 백신을 개발하여 수많은 생명을 구하고 중증 질환을 퇴치하였다. 과학적 탐구, 윤리적 책임, 인류발전에 대한 그의 헌신은 과학적 진보와 인도주의적 가치를 통합하는 모델이 되어준다. 소크의 업적은 사회에 깊은 영향을 끼칠 수 있는 과학적 혁신의 잠재력과 우리 지식을 인류발전에 사용하는 것의 중요성을 일깨워 준다.

에이다 러브레이스(Ada Lovelace): 컴퓨터 과학과 혁신

영국의 수학자이자 작가인 에이다 러브레이스는 세계 최초의 컴퓨터 프로그래머로 널리 인정받고 있다. *찰스 배비지의 '해석 기관'에 대한 그녀의 선구적인 작업은 현대 컴퓨터 과학의 토대를 마련하였다. 러브레이스의 선견지명 있는 사고, 해석 능력, 수학과 기술을 결합한 창의성은 혁신의 새로운 지평을 열었다. 그녀의 공헌은 여성의 지적 능력과 세상에 대변혁을 일으킬 수 있는 기술의 잠재력을 일깨웠다.

* 찰스 배비지(Charles Babbage): 영국의 철학자이자 수학자로 프로그래밍
이 가능한 현대식 컴퓨터인 '해석 기관(Analytical Engine)'을 최초로 개념화
하여 '컴퓨터의 아버지'로 불린다. 그의 조수였던 에이다는 해석 기관에서 작
동할 프로그래밍을 설계하였다.

결론

철학, 윤리, 과학 분야의 유대인 지도자들의 이야기는 우
리가 대화를 수용하고, 다른 사람들과의 관계를 깊게 하며,
인류의 발전을 위한 지식과 혁신을 추구하도록 고무해 준
다. 이는 진정한 인간관계의 변화시키는 힘, 영성과 사회적
책임의 중요성, 세상을 만들어 내는 과학적 발견의 잠재력
을 일깨워 준다.

이 유대인 지도자들의 삶을 되새겨보면서, 우리는 그들의
다양한 공헌과 폭넓은 영향력을 다시 생각하게 된다. 대화
와 윤리적 책임의 중요성을 강조한 철학자로부터 지식의 경
계를 허문 과학적, 기술적 혁신자에 이르기까지 그들의 여
정은 지성과 긍휼과 우수성 추구의 통합에 대한 소중한 교
훈을 가르쳐준다.

그들의 이야기가 우리로 하여금 의미 있는 대화에 참여하

고, 진정한 관계를 키우고, 윤리적 책임감을 갖고 지식과 혁신을 추구하도록 고무해 주기를 바라며, 그들의 사례에서 자극을 받아 그들이 보여준 가치를 구현하면서 우리 삶에서 성공을 위해 노력하기를 바란다.

우리가 인생길을 헤쳐나갈 때, 개인적 성장을 구하고, 친절한 행동에 참여하고, 우리 공동체와 세상에 의미 있는 기여를 함으로써 그들의 유산을 기리도록 하자. 우리의 노력을 통해 유대인 지도자들의 원칙과 가치를 이어가고 미래 세대에 긍정적이고 지속적인 영향력을 미쳐야 한다.

제10절 학문적, 지적 지도자들

한나 아렌트(Hannah Arendt): 정치 이론과 비판적 사고

정치 이론가이자 철학자인 한나 아렌트는 그녀의 글에서 권력, 권위, 전체주의 주제를 탐구하였다. 정치 체제에 대한 그녀의 비판적 분석과 억압과 불의에 맞선 개인의 힘과 책임에 대한 강조는 현대 세계의 복잡성을 이해하는 데 필수적이다. 아렌트의 지적인 엄격함과 기존 통념에 도전하는 용기와 헌신은 우리가 비판적 사고 능력을 배양하고, 철저

한 분석을 하며, 사회를 만들어가는 데 적극적으로 참가하
도록 고무해 준다.

알베르트 아인슈타인(Albert Einstein): 과학적 천재성과 인도주의

역사상 가장 위대한 과학자 중 한 명인 알버트 아인슈타인
은 그의 상대성 이론으로 우주에 대한 우리의 이해에 대변
혁을 일으켰다. 그의 과학적인 공헌 외에도, 아인슈타인은
평화, 사회 정의, 인권에 대한 강력한 옹호자였다. 핵무기에
대한 그의 거침없는 발언과 국제적인 협력을 증진하려는 그
의 노력은 인류의 발전을 위해 과학적인 지식을 사용하고자
하는 그의 의지를 반영한다. 아인슈타인의 삶과 업적은 지
적인 추구와 사회적 책임과 도덕적인 양심의 힘이 교차하는
지점을 일깨워 주는 역할을 한다.

결론

학계와 지적인 일에 종사하는 유대 지도자들의 이야기는
우리가 비판적 사고를 하고, 지식을 추구하며, 우리의 지적

역량을 더 나은 사회를 위해 사용하도록 고무해 준다. 이는 확립된 규범에 의문을 제기하고, 진실을 추구하고, 정의와 사회 발전을 적극적으로 추구하는 것의 중요성을 일깨워 준다.

이 유대인 지도자들의 삶을 되새겨보면서 우리는 변화시키는 힘인 아이디어, 지적 엄격함의 중요성, 공익을 위해 우리의 지식과 지적 능력을 사용해야 하는 책임 등을 상기하게 된다. 지배 체제에 도전한 정치 이론가부터 우주에 대한 우리의 이해를 재정립한 천재 과학자에 이르기까지, 그들의 여정은 우리에게 지적 호기심, 용기, 진실 추구의 중요성을 가르쳐준다.

그들의 이야기가 우리로 하여금 평생학습에 참여하고, 가설에 의문을 제기하며, 지식 발전과 인류 복지에 적극적으로 공헌하도록 고무해 주기를 바란다. 그들의 사례에서 자극을 받고, 그들이 보여준 가치를 구현함으로써 우리 삶의 성공을 위해 노력하자.

우리가 인생길을 헤쳐나갈 때, 지적인 성장을 추구하고, 비판적 사고를 수용하며, 지식과 진실과 정의 추구를 소중하게 생각하는 환경을 길러 공동체와 세상에 의미 있는 공헌을 함으로써 그들의 유산을 기리자. 우리의 학문적 목표와 공헌을 통해 유대인 지도자들의 원칙과 가치를 계속 이어가며, 미래 세대에 긍정적이고 지속적인 영향력을 미칠 수 있기를 바란다.

제5장

공동체의 힘: 지원 체계 구축

유대교에서 공동체는 영적 성장과 지원을 위해 필수적이다. 그러므로 이 장에서는 뜻을 같이하는 사람들이 공동체를 구축하는 것이 어떻게 성공에 기여할 수 있는지 탐구할 수 있을 것이다.

- 공동체의 힘: 지원 체계 구축
- 유대인 전통에서 공동체의 중요성에 대한 토론
- 뜻을 같이하는 사람들이 공동체를 구축하는 것이 어떻게 성공에 기여할 수 있는지 탐구
- 지원 공동체를 구축하고 유지하기 위한 조언

공동체의 힘

공동체와 체다카(Tzedakah/자선)는 유대인 전통의 핵심 가치로, 다른 사람들과 연결하고 세상에 긍정적인 영향을 미치는 수단을 제공한다. 도덕적 중요성 외에도 공동체와 체다카는 개개인이 삶의 모든 측면에서 성공할 수 있도록 돕는데도 결정적인 역할을 할 수 있다.

공동체의 가장 중요한 이점 중 하나는 개개인이 더 큰 회복력과 목적을 가지고 인생의 어려움을 헤쳐나가도록 도와줄 수 있는 소속감과 지원을 제공할 수 있다는 것이다. 또한, 비슷한 가치와 목표를 공유하는 다른 사람들과 연결됨으로써 개개인은 자신의 염원을 성취하고 장애물을 극복하는 데 도움이 되는 풍부한 사회적 지원 네트워크와 원천을 이용할 수 있는 것이다.

또한 공동체는 개개인에게 성장하고 배우고 책임 의식을 갖는 기회를 주고, 다른 사람에 대한 책임감을 갖게 해줄 수도 있다. 끝으로, 더 넓은 유대인 공동체에 참여함으로써, 개개인은 다른 사람 및 주위 세상과의 관계에 대해 더 깊은 이해를 하게 되고, 자신들의 삶에서 목적의식과 의미를 더 크게 할 수 있다.

마찬가지로, 체다카는 개개인이 삶의 모든 측면에서 성공하도록 돕는데도 결정적인 역할을 할 수 있다. 가난한 사람들에게 기부함으로써 개개인은 주위 세상에 긍정적인 영향을 미치도록 고무해 줄 수 있는 공감 의식과 연민과 사회적 책임감을 기를 수 있다.

또한 체다카는 삶의 축복에 대해 감사하는 마음을 기르게 하고, 관대함과 풍요함에 대해 더 깊이 이해하도록 도울 수 있다. 우리의 시간과 소질과 재능을 기부함으로써 우리는 개인적 성취를 넘어 공익에 기여하려는 목적의식과 의미를 찾을 수 있다.

다음 장에서 우리는 공동 축하 행사, 일상생활에서의 체다카 과정, 유대인 전통에서 사회적 책임의 중요성 등을 포함하여 유대인 전통에서 공동체와 체다카의 몇 가지 중요한 관습을 탐구할 것이다. 유대인 전통의 지혜로부터 배움으로써 개개인은 하나님과의 유대감을 더욱 깊게 하고, 삶의 모든 측면에서 성공을 이룰 수 있다.

유대교에서 공동체는 개개인의 삶에서 중심적인 역할을 한다. 공동체는 소속감과 지원과 유대관계를 제공해 준다. 공동체의 개념은 함께 모이고 서로 지원하고 공유된 목표를 향해 협력하는 것의 중요성을 강조한다. 이 장에서는 견고한 지원 체계 구축의 중요성과 그것이 개인 및 공동체의 성공에 어떻게 기여하는지를 탐구할 것이다.

제1절 공동체의 기초

케힐라(kehillah)의 개념: 유대인 공동체

유대교에서 '케힐라'는 공유 가치와 전통과 공통의 목적으로 묶여 있는 공동체를 의미한다. 이곳은 개개인이 소속감과 지원과 정체성을 찾을 수 있는 곳이다. 또한 유대인 공동체는 힘과 지도와 자극을 주는 원천 역할을 하면서 개인의 성장과 공동체의 복지를 촉진해 준다.

단합의 힘: 하나로 뭉치기

유대교에서는 단합과 응집된 전체로 함께 모이는 것에 크게 중요성을 두고 있다. 개개인이 단결할 때 집단의 힘은 부분의 합보다 더 크다고 가르친다. 힘을 합치고, 서로 지원하고, 협력해 일함으로써 공동체는 도전을 극복하고, 공유된 목표를 달성하며, 성공을 촉진하는 환경을 조성할 수 있다.

제2절 지원 공동체 구축하기

소속감 만들기

튼튼한 공동체는 소속감과 포용력을 만들어 낸다. 그것은 다양성을 포용하고, 각기 다른 배경을 가진 사람들을 환영하며, 모두가 받아들여지고 존중받고 있다고 느끼는 환경을 조성한다. 소속감을 기름으로써 개개인은 성장하고 성공하는 데 필요한 지원과 격려를 얻을 수 있다.

상호 지원 및 공감

공동체는 상호 지원과 공감을 토대로 구축된다. 공동체 구성원들이 함께 모여 서로 북돋아 주고 도와줄 때, 돌보고 지원하는 네트워크가 확립된다. 이 지원 체계는 개개인에게 삶의 도전을 헤쳐나가고 목표를 추구하는 데 필요한 감정적, 실제적, 영적 지원을 제공한다.

멘토링과 지도

공동체 내에서 멘토링과 지도는 개인과 공동체의 성공에 필수적인 역할을 한다. 경험이 풍부한 공동체 구성원은 멘토 역할을 하여 여정을 시작하거나 장애에 직면한 사람들에게 지혜와 조언과 지원을 제공해 줄 수 있다. 멘토링을 통해 개개인은 다른 사람들의 경험으로부터 배우고, 소중한 통찰을 얻으며, 지식에 기초한 판단을 내릴 수가 있다.

제3절 공동체와 개인적 성장

격려와 책임감

지원하는 공동체는 격려와 책임감을 모두 부여한다. 구성원들은 어려운 시기에 서로를 응원하고, 업적을 축하하며, 동기를 부여한다. 또한 공동체 구성원들은 서로가 책임을 지며, 건설적인 *피드백을 제공하고, 개개인이 자신의 목표와 가치에 전념하도록 돕는다.

* 피드백(feedback): 어떤 행위나 동작 등에 대한 결과나 반응을 보고 조정을 가하는 일

학습과 지적 성장

공동체들은 지적 성장과 평생 학습의 기회를 제공한다. 공부 모임, 수업, 토론 등을 통해 개개인은 지식을 심화하고, 의미 있는 대화에 참여하며 시야를 넓힐 수 있다. 공동체 내에서의 집단적인 지식 추구는 개인적 성장을 촉진하고 구성원들의 전반적인 성공에 기여한다.

제4절 활동하는 공동체

티쿤 올람(Tikkun Olam): 세상을 고침

티쿤 올람, 즉 세상을 고치는 것은 유대교의 핵심이다. 공동체들은 이 원칙을 구현하여 사회 정의 운동과 자선 사업에 적극적으로 참여하고, 사회에 긍정적인 영향을 미친다. 사회 문제를 해결하고, 다른 사람들의 삶을 개선하기 위해 함께 일함으로써, 공동체들은 세상의 복지에 기여할 뿐만 아니라, 그들의 목적의식과 성취감을 강화한다.

마일스톤과 심하 축하하기

유대인 공동체에서는 *마일스톤과 *심하(기쁠 때)에 다 함께 축하를 한다. 출생, 결혼, 남녀 성인식 및 기타 중요한 행사들이 있을 때 공동체 구성원들이 한데 모여 서로의 기쁨을 나누고 도움을 주는 것이다. 이러한 축하 행사들은 동료 의식을 기르고, 사회적 유대를 강화하며, 공동체 내에서 소중한 추억을 만들어 낸다.

* 마일스톤(milestone): 이정표, 즉 인생에서 기념할 만한 특별한 시점이나 사건을 의미함

* 심하(simcha): 마음이 평화, 만족, 희망으로 차 있는 상태를 의미하며, '기쁨'이라고 번역됨

공동체 참여를 통해 단단한 지원 체계를 구축하는 것은 개인과 공동체의 성공에 필수적이다. 이는 개개인에게 소속감, 감정적 지원, 지도, 성장 기회 등을 제공한다. 공동체는 함께 모여 서로 지원하고 친절한 행동과 사회 정의에 적극적으로 참여함으로써 유대교의 가치를 구현하고 구성원과 더 넓은 세상의 복지에 기여한다.

공동체의 힘을 되새겨 보면서, 탄탄한 지원 체계를 구축하고 육성하는 일의 중요성을 인식하자. 우리가 공동체에 참

여할 기회를 적극적으로 찾고, 다른 사람들에게 지원을 제공하고, 필요할 때 도움을 받을 수 있기를 바란다. 사회의 원칙을 받아들임으로써, 우리는 개인과 공동체의 성공이 잘 이루어지고, 유대교의 가치가 일상생활에서 기려지고 실천되는 환경을 조성할 수 있다.

공동체의 힘을 통해, 우리가 목표를 달성하고 긍정적인 영향을 미치며 목적과 성취로 가득 찬 삶을 살아가는 데 필요한 지원과 지도와 격려를 받기를 바란다.

헤세드(Chesed) 행동: 자애

공동체 내에서 헤세드 행동, 즉 자애(慈愛)는 지원하고 돌보는 환경을 육성하는 데 핵심이다. 가난한 사람들에게 식사를 제공하고, 어려울 때 도움의 손길을 내밀거나, 아니면 단순히 서로에게 친절과 연민을 보여주는 이러한 행위는 공동체의 유대를 강화하고 관대함과 공감의 문화를 조성한다.

공동 기도와 예배

유대인 공동체에서 공동 기도와 예배는 지원 체계를 구축하는 데 중요하다. 기도에 함께 모이는 것은 하나님과의 관계를 강화하고 일체감과 공유된 목적을 제공한다. 또한, 함께 기도하고 예배하는 것은 개개인이 서로에게서 힘과 자극을 받을 수 있게 해주고, 소속감과 영적 성장을 조장한다.

제5절 공동체 연계 증진하기

적극적인 참가와 참여

공동체 내에 지원 체계를 구축하려면 적극적인 참가와 참여가 필요하다. 공동체 행사에 참석하고, 협력 사업을 위해 자원봉사하고, 공동체에 도움이 되는 기술과 재능을 적극적으로 기부하는 것 등이 그것이다. 또한 개개인은 지역에 적극적으로 관여하고, 관계를 구축하고, 주인의식과 소속감을 조성함으로써 연계를 더 깊게 한다.

소통과 협력

효과적인 의사소통과 협력은 공동체 연계를 증진하는 데 필수적이다. 솔직하고 숨김없는 의사소통은 아이디어와 관심사와 지원을 공유하게 해준다.

공동 협력을 통해 공동체 구성원들은 공통된 목표를 위해 일하고 그들의 소질과 재능을 모아 엄청난 성공을 이룰 수 있다. 효과적인 의사소통과 협력의 문화를 증진함으로써 공동체들은 유대를 강화하고 개개인이 성공할 수 있는 환경을 조성한다.

지원 체계를 구축하는 데 있어서 공동체의 힘은 과소평가할 수 없다. 소속감과 정신적 지원을 제공하는 것에서부터 지도와 멘토링과 성장 기회를 제공하는 것까지, 공동체들은 개인과 공동체의 성공에 필수적인 역할을 한다. 친절한 행동, 공동 축하, 기도, 적극적인 참가를 통해 공동체들은 일체감과 목적과 공유 가치를 길러준다.

우리가 공동체의 힘을 되새겨 보면서, 확고한 지원 체계를 구축하고 육성할 수 있는 기회를 놓치지 말자. 공동체에 적극적으로 참여하고, 다른 사람들에게 지원과 친절을 베풀고, 필요할 때 도움을 받을 수 있기를 바란다. 단합과 공감과 협력의 문화를 함양함으로써 우리는 개인과 공동체의 성공이 잘 이루어지고 유대교의 가치가 우리의 상호 작용과 행동에서 실천되는 환경을 조성하는 것이다.

공동체의 힘을 통해 우리가 삶의 도전을 헤쳐나가고, 목표를 추구하며, 세상에 긍정적인 영향을 미치는 데 필요한 지원과 지도와 격려를 얻을 수 있기를 바란다. 우리의 가치와 염원과 세상을 고치는 티쿤 올람에 대한 의지를 공유하는 사람들의 지원 네트워크를 구축하고 유지하는 일의 중요성을 언제나 명심하기 바란다.

제6절 도전을 함께 극복하기

집단적 회복력

공동체의 가장 큰 강점 중 하나는 도전에 직면했을 때 집단적 회복력을 제공하는 능력이다. 장애를 극복하기 위해 함께 모일 때 개개인은 공동체의 집단적인 지혜와 자원과 지원을 이용할 수 있다. 실패하거나 병에 걸리거나 재정난을 겪을 때 서로 지원함으로써 공동체는 구성원들이 어려운 상황을 헤쳐나갈 수 있도록 돕는 안전망이 되어준다.

감정 지원 네트워크

감정 지원 네트워크는 공동체 내에 형성되어 사람들이 자신의 부담과 두려움과 걱정거리들을 믿을 수 있는 공동체 구성원들과 나누게 한다. 이러한 관계는 사람들이 자신의 감정을 표현하고 위로를 구하며 격려를 받을 수 있는 안전 공간을 제공한다. 공동체 구성원들은 솔직하고 공감하는 대화를 통해 서로 북돋아 주어 어려울 때 위로와 힘을 제공해 준다.

제7절 공동체의 영향력과 영향

사회 정의와 옹호

공동체들은 집단적 행동을 통해 사회에 큰 영향력을 끼칠 수 있는 힘을 가지고 있다. 공동체들은 사회 정의를 위해 함께 결집하고, 소외된 집단을 옹호하고, 제도적 불의에 도전함으로써 변화의 주체가 된다. 그들은 자원을 동원하고 집

단적 목소리를 높임으로써, 지역사회와 그 너머에서 의미
있는 변화를 일으킬 수 있는 잠재력을 가지고 있다.

교육과 역량 강화

공동체들은 교육과 역량 강화에 있어 중추적인 역할을 할
수 있다. 그들은 개개인이 배우고, 성장하고, 신기술을 개발
할 수 있는 기회를 창출한다. 교육 프로그램, 멘토링 사업 또
는 워크숍 등을 통해 공동체들은 평생학습 및 역량 강화의
환경을 육성한다. 공동체는 구성원들의 교육과 개인적 성장
에 투자함으로써 집단적 지식과 역량을 강화한다.

제8절 공동체의 연속성

전통 물려주기

공동체들은 전통과 문화유산의 관리자 역할을 한다. 그들
은 관습과 의식(儀式)과 가치가 한 세대에서 다음 세대로 연
속되도록 보장한다. 전통을 물려줌으로써 공동체들은 미래
세대를 위해 정체성과 소속감을 조성하고, 유대인의 뿌리

및 공유하는 역사와의 연결을 맺게 한다.

세대 간 연결

공동체 내의 세대 간 연결은 힘과 지혜의 원천이다. 나이든 공동체 구성원들은 젊은 세대에게 물려줄 수 있는 풍부한 지식과 삶의 경험을 가지고 있다. 다양한 연령층 간의 관계를 증진함으로써 공동체들은 멘토링과 배움과 상호 이해의 기회를 조성한다.

지원 체계를 구축하는 데 있어서 공동체의 힘은 아무리 강조해도 지나치지 않다. 감정적 지원과 회복력을 제공하는 것에서부터 사회에 집단적 영향을 미치는 것에 이르기까지, 공동체들은 개인과 공동체의 성공에 필수적인 역할을 한다. 튼튼한 공동체 연계를 증진하고, 다양성을 포용하고, 소속감을 조성함으로써 공동체 내의 개개인은 성공하는 데 필요한 지원과 지도와 영감을 얻을 수 있다.

공동체의 힘을 생각해 볼 때, 우리 삶에서 공동체의 중요성을 인식하도록 하자. 우리 공동체에 적극적으로 참여하며, 공동체의 성장과 복지에 기여하고, 필요할 때 지원을 구하기를 바란다. 확고한 지원 체계를 구축하고, 집단적 회복력을 받아들이고, 사회에 긍정적인 영향을 미침으로써 우리는 유대교의 가치를 기리고, 더욱 결속되고 번영하는 세상을 만드는데 기여하는 것이다.

우리 공동체의 힘을 통해, 도전을 극복하고, 목표를 추구하며, 우리 자신과 주위 사람들을 위해 더 나은 미래를 만드는 데 필요한 지원과 회복력과 역량 강화를 얻을 수 있기를 바란다. 우리가 더욱 강건하고 엄청난 성공과 성취를 이룰 수 있다는 것을 인식하고, 공동체를 소중히 여기고 투자하도록 하자.

제9절 축하 행사와 기쁨

공동 축하 행사

공동체들은 다양한 기념할 일들과 경사(慶事)를 축하하여 일체감을 조성하고 행복을 공유한다. 명절, 축제 또는 공동체 행사 등, 이러한 축하 행사는 공동체 내 유대관계를 강화하고, 개개인이 경험을 공유하는 가운데 결속하고, 즐거워하며, 기쁨을 얻을 수 있는 기회를 준다.

기쁠 때 서로 응원하기

어려울 때 서로 도와주는 것 외에도, 공동체들은 서로의 성공과 기쁨을 축하하는 데도 중요한 역할을 한다. 공동체 구성원이 기념할 일을 이루거나 승리의 순간을 경험하면 공동체는 한데 모여 축하하고 응원하고 인정해 준다. 공동체는 다른 사람들의 기쁨을 함께 나눔으로써 서로 축하하고 격려하는 문화를 기른다.

제10절 공동체의 유산

지속적인 영향을 남김

공동체들은 그 구성원인 개개인에게 지속적인 영향을 미친다. 공동체들은 지원과 지도와 유대관계를 통해 그 구성원들의 삶을 구성한다. 개개인이 공동체의 힘과 지원을 경험할 때, 그들은 그 유산을 다른 사람들에게도 넘겨주어 동일한 보살핌과 지원을 확대하려는 자극을 받는다.

횃불 전달하기

개개인이 공동체 내에서 성장하고 리더십 기술을 개발하면 그 횃불을 다음 세대에 전달할 수 있다. 젊은 공동체 구성원들을 멘토링하고 역량을 강화하여 튼튼하고 활기찬 공동체의 연속성을 보장하는 것이다. 또한 이러한 횃불의 전달은 지원과 지도와 성장의 순환을 조성하여 공동체의 성공을 오랫동안 끊임없이 이어지게 한다.

지원 체계를 구축하는 데 있어서 공동체의 힘은 부인할 수가 없다. 감정적 지원과 회복력을 제공하는 것에서부터 기쁨을 축하하고 지속적인 영향을 남기는 것까지, 공동체들은 개인과 공동체의 성공에 필수적이다. 우리 공동체에 적극적으로 관여하고, 그 성장에 기여하고, 그 안에서 지원을 받음으로써 우리는 유대를 강화하고, 소속감을 키우며, 삶을 풍요롭게 한다.

공동체의 힘을 되새기며, 성공을 향한 우리의 인생 여정에서 공동체의 중요성을 인식하자. 공동체에 적극적으로 투자하고, 관계를 증진하고, 기술과 소질과 지원을 제공하기를 바란다. 공동체 내에 확고한 지원 체계를 구축함으로써 우리는 개인과 공동체의 성공이 잘 이루어지고, 유대교의 가치가 유지되고 기려지는 환경을 조성하는 것이다.

　공동체의 힘을 통해 삶의 도전을 헤쳐나가고, 성취를 축하하며, 세상에 긍정적인 영향을 미치는 데 필요한 지원과 회복력과 기쁨을 얻기를 바란다. 우리가 함께하면 위대함을 성취할 수 있으며, 우리 자신과 주변 사람들을 위해 더 밝은 미래를 만들어 낼 수 있음을 알고, 우리 공동체를 소중히 여기고 육성하도록 하자.

제11절 사회적 책임과 티쿤 올람

티쿤 올람(Tikkun Olam): 세상을 고침

　유대인 공동체들은 '세상을 고침'으로 번역되는 '티쿤 올람'의 개념을 강조한다. 개개인과 공동체들은 사회 정의를 위한 활동에 적극적으로 참여하고, 주위 세상에 긍정적인 영향을 끼칠 책임이 있다. 함께 모여서 빈곤, 불평등, 환경적 관심사 등 사회 문제를 해결함으로써 사회를 개선하는 데 기여하는 것이다.

공동체 자원봉사

공동체 내 자원봉사는 변화를 만들고 지원 체계를 구축하는 강력한 방법이다. 공동체들은 식량 기부 운동, 의복 기부, 환경 정화 등 지역에 필요한 일들을 해결하기 위한 자원봉사 활동을 종종 계획한다. 이러한 봉사 활동에 참여하면 어려운 사람들을 돕고, 구성원들이 공동의 목적을 위해 함께 모이면서 공동체의 결속이 강화된다.

제12절 다양성과 포용성 수용하기

모두 다 환영

공동체는 다양성과 포용성을 받아들일 때 번영한다. 인종, 민족, 성별, 성적 취향에 상관없이 모든 배경을 가진 개개인을 환영하는 환경을 조성함으로써 공동체는 소속감과 존중심을 키워준다. 또한, 이러한 포용성은 풍부한 아이디어와 관점과 경험의 교환을 가능하게 하여 더욱 생기 있고 활력이 넘치는 공동체를 만들어 낸다.

상호 간의 배움과 성장

공동체들이 다양성을 받아들일 때 상호 간의 배움과 성장의 기회를 제공하게 된다. 각기 다른 배경과 관점을 가진 사람들과 관계를 맺음으로써 공동체 구성원들은 세상에 대한 더 넓은 이해심을 얻고, 더 큰 공감과 연민을 키울 수 있다. 이러한 상호 간의 배움으로 각 구성원의 독특한 강점과 기여를 아우르게 됨으로써 공동체가 풍요로워지고 지원 체계가 강화되는 것이다.

지원 체계를 구축하는 데 있어서 공동체의 힘은 개인과 공동체의 성공을 넘어 더욱 확장된다. 그것은 세상에 긍정적인 영향을 미치고, 다양성을 받아들이며, 포용성을 기르는 등의 책임을 망라하고 있다. 사회적 책임을 위한 활동에 적극적으로 참여하며, 자원봉사를 하고, 모든 공동체 구성원의 독특한 기여를 아우름으로써 공동체들은 긍정적인 변화의 주체가 되고, 모든 사람이 번영할 수 있는 지원 환경을 조성하는 것이다.

공동체의 힘을 되새기면서, 사회적 책임과 포용성의 중요성을 인식하자. '티쿤 올람' 활동에 적극적으로 참여하여 사회 발전에 기여하기를 바란다. 모든 구성원의 독특한 견해와 기여를 소중히 여겨 우리 공동체 내에서의 다양성과 포용성을 받아들이자. 그렇게 하는 것이 개개인을 북돋아 주며, 보다 공정하고 인정 넘치며 포용적인 세상을 만드는 지원 체계를 조성하는 것이다.

공동체의 힘을 통해 우리의 사회적 책임을 이행하고, 다양성을 존중하며, 유대교의 가치를 입증하는 지원 체계를 구축하기 바란다. 우리 공동체가 자극과 역량 강화와 긍정적인 변화의 원천이 되어, 우리로 하여금 목적과 유대관계와 성공으로 가득 찬 삶을 살게 해주기를 바란다.

제6장

성공을 성취하는 데 기도와 감사의 역할

유대인의 기도와 감사는 개개인이 성공을 달성하는 데 도움이 되는 필수적인 관습이다. 이 장에서는 이러한 관습이 어떻게 정신 건강을 개선하고, 회복력을 증진하며, 전반적인 성공에 기여할 수 있는지 탐구할 수 있을 것이다.

- 유대인 전통에서 기도와 감사의 중요성에 대한 설명
- 이러한 관습이 어떻게 정신 건강을 개선하고 회복력을 증진하며, 전반적인 성공에 기여할 수 있는지 탐구
- 기도와 감사를 일상생활에 통합시키기 위한 조언

기도와 감사는 유대인 전통의 필수적인 구성 요소로, 하나님과 연결하고 삶의 축복에 대한 감사를 표현하는 수단이 되어준다. 영적인 중요성 외에도 기도와 감사는 개인이 삶의 모든 측면에서 성공하도록 돕는 결정적인 역할도 할 수

있다.

기도의 중요한 이점 중 하나는 개개인이 의사 결정과 문제 해결에 도움이 될 수 있는 내면의 평온함과 집중력을 기르는 데 도움이 될 수 있다는 것이다. 마음을 가라앉히고 하나님과 연결함으로써, 더 심오한 지혜로움과 통찰력을 활용할 수 있게 되는데, 이는 개개인이 더 강한 명확성과 목적의식을 가지고 삶의 복잡한 문제들을 헤쳐나가도록 돕는다.

더욱이, 기도는 개개인이 역경이나 도전에 직면하더라도 삶의 축복에 대해 감사하는 마음을 기르는 데 도움이 될 수 있다. 삶의 긍정적인 측면에 초점을 맞춤으로써, 개개인은 장애물을 극복하고 목표를 달성하는 데 도움이 되는 회복력과 낙관적인 의식을 함양할 수 있다.

마찬가지로, 감사는 개개인이 삶의 모든 측면에서 성공을 거두는 데 결정적인 역할을 할 수 있다. 삶의 축복에 감사하는 마음을 기름으로써, 개개인은 삶의 도전과 기회를 더 쉽고 은혜롭게 헤쳐나가도록 도울 수 있는 자족감과 만족에 대한 보다 깊은 이해를 증진할 수 있다.

더욱이, 감사는 개개인이 다른 사람들과 더욱 견고한 관계를 형성하고 어려운 사람들에 대한 더 큰 공감과 동정심을 키우는 것을 도울 수 있다. 마지막으로, 다른 사람의 친절과 관대함에 감사를 표현함으로써 개개인은 더 넓은 공동체와의 연계를 강화하고, 개인적 성취를 넘어서는 목적의식과 의미를 얻게 된다.

다음 절들에서 우리는 유대인의 전통에 있는 기도와 감사의 몇 가지 중요한 관습을 탐구할 것인데, 이에는 매일의 삶에서의 기도의 역할, 공동 기도의 힘, 일상생활에서 감사의 실천, 그리고 축복의 일부가 포함되어 있다. 유대인 전통의 지혜에서 배움으로써 개개인은 하나님과 더 깊은 유대감을 키울 수 있으며, 삶의 모든 측면에서 성공을 거둘 수 있다.

유대교에서 기도와 감사는 영적인 삶과 개인적 성장에서 기본적인 측면이다. 기도와 감사는 하나님과 연결하고, 긍정적인 사고방식을 키우며, 인도하심과 축복을 구하는 틀을 제공해 준다. 이 장에서는 영적으로, 그리고 삶의 다양한 측면에서 성공하는 데 기도와 감사가 미치는 깊은 영향에 대하여 탐구한다.

제1절 기도의 힘

하나님과 연결하기

기도는 개개인이 하나님의 임재와 연결하는 직접적인 통로이다. 이를 통해 하나님과 친밀한 대화를 나누고, 소망과 두려움과 감사를 표하고, 인도하심을 구할 수 있다. 기도로 우리의 마음과 생각을 열어 영적인 연결 공간을 조성하고, 하나님의 섭리에 대한 깊은 신뢰감을 키우는 것이다.

마음의 평화와 힘 찾기

기도를 통해 개개인은 위로와 위안, 마음의 평화를 찾는다. 어려울 때 기도는 힘과 용기와 회복력을 구할 수 있는 피난처가 된다. 하나님께 기도함으로써 개개인은 혼자 싸우고 있는 것이 아니라, 초월적 능력이 그들을 인도하시고 도우신다는 사실을 상기하게 해준다.

지침과 방향 구하기

기도는 삶의 지침과 방향을 구하는 수단이 된다. 우리의 바라는 바를 겸손하게 전하고 하나님의 지혜를 구함으로써 우리는 하나님의 개입을 요청하고 우리의 행동을 하나님의 목적에 맞추게 된다. 기도는 개개인이 명확성과 하나님의 인도하심으로 결단을 내리고, 도전을 극복하고, 삶의 복잡한 문제들을 헤쳐나가도록 돕는다.

하나님과의 관계 심화하기

기도는 하나님과 개인적인 관계를 발전시키는 수단이다. 그것은 하나님에 대해 사랑과 감사와 헌신을 표현하게 해준다. 꾸준한 기도를 통해 하나님과의 연결을 심화하고, 신뢰, 사랑, 상호 이해를 바탕으로 한 관계를 키워간다.

제2절 성공으로 가는 길로서의 감사

감사하는 태도 기르기

감사는 풍요와 성공으로 가는 길을 열어주는 유연한 마음 자세이다. 감사하는 마음을 기름으로써 개개인은 그들의 초점을 못 가진 것에서 가지고 있는 것으로 전환하게 된다. 이러한 사고방식은 자족감과 낙관주의와 그들의 삶에 있는 축복에 감사하는 마음을 길러준다.

웰빙과 정신 건강 증진하기

감사는 웰빙과 정신 건강에 큰 영향을 미친다. 연구에 의하면, 감사를 실천하면 스트레스, 불안, 우울증이 줄어들고, 긍정적인 감정과 전반적인 심리적 웰빙이 증진되는 것으로 나타났다. 또한 축복에 집중하고 감사를 표현함으로써 개개인의 정신 건강, 회복력, 도전 극복 능력이 향상된다.

인간관계 강화

감사는 인간관계를 강화하는 강력한 도구이다. 다른 사람에게 감사를 표현하는 것은 관계를 깊어지게 하고, 서로 간의 감사와 지원에 대한 의식을 길러준다. 또한, 감사는 가족과 친구와 공동체 내의 유대관계를 강화하여 호의적이고 자상한 지원 체계를 만들어 낸다.

풍족함과 기회 끌어들이기

감사하는 마음 자세는 삶에 풍족함과 기회를 가져다준다. 이미 받은 축복을 인정하고 감사함으로써 개개인은 더 받을 길을 여는 것이다. 또한, 감사는 긍정적인 경험과 인간관계와 개인적, 직업적 성장의 기회를 끌어들이는 긍정 에너지를 만들어 낸다.

제3절 기도와 감사의 실천

매일의 기도와 감사 실천

기도와 감사를 일상생활에 결합시키는 것은 그들의 유익을 얻기 위해 필수적이다. 예를 들어, 아침 축복을 통해 정기적인 기도 일정을 수립하거나, 시편을 암송하거나, 하나님과 개인적인 대화를 나누면 개인이 깊은 영적 연결을 형성하고 하나님의 인도하심을 그들의 삶에 초대할 수 있다. 마찬가지로, 감사 일기를 쓰거나 식사 전에 감사를 표현하는 것과 같은 일상적인 감사 의식을 실천하면 감사하는 마음가짐을 키우고 감사의 긍정적인 영향을 증폭시킨다.

특정 목적을 위한 기도

유대교는 병 고침, 노력하는 일의 성공, 인도하심과 같은 특정한 목적을 위한 기도의 풍부한 전통을 제시해 준다. 이러한 기도는 개개인이 삶의 특정한 영역에서 하나님의 개입과 축복을 구하면서 자신의 필요와 바람을 하나님께 분명하게 표현하는 구조화된 방식이 되어준다. 개개인은 자신의 목적을 하나님의 뜻에 맞추어 신실함과 믿음으로 이런 기도를 함으로써 성공할 가능성을 높인다.

공동체의 기도와 감사

기도와 감사는 개인의 실천에만 국한되지 않고 공동체의 예배와 감사 표현에도 필수적이다. 기도하고 감사를 표현하기 위해 공동체로 함께 모이는 것은 기도와 감사의 영향력을 증폭시키는 집단적 에너지를 만들어 낸다. 안식일과 명절 모임과 같은 공동체 기도회는 집단적인 예배와 단합과 상호 지원의 기회가 되어준다.

기도와 감사는 삶의 모든 측면에서 성공을 위한 강력한 도구이다. 기도를 통해 개개인은 하나님과 연결되고, 내면의 평화를 찾고, 인도하심을 구하고, 하나님과 개인적인 관계를 키워간다. 반면, 감사는 풍요로운 마음 자세를 키우고, 웰빙을 향상시키며, 인간관계를 강화하고, 기회를 끌어들인다.

기도와 감사를 일상생활에 접목함으로써 개개인은 이들의 변화시키는 힘을 활용하게 된다. 그것은 영적인 연결, 긍정적인 마음 자세, 하나님의 뜻에 부합하는 삶 등의 토대를 조성한다. 개개인이 하나님과의 관계를 깊게 하고, 감사하는 태도를 받아들일 때, 그들은 자신의 가치와 목적에 맞춰 도전을 헤쳐나가고, 기회를 포착하고, 성공을 이룰 수 있는 더 나은 준비를 갖추게 된다.

기도와 감사가 성공을 향한 여정에서 우리의 변함없는 동반자가 되어 우리의 삶을 풍요롭게 하고, 영혼을 길러주며, 목적 있는 삶, 성취하는 삶, 하나님의 축복이 있는 삶으로 우리를 인도하기를 바란다.

제4절 일상생활에 기도와 감사 적용하기

아침 기도와 감사

기도와 감사로 하루를 시작하면 긍정적인 분위기가 조성된다. 아침 기도를 하며 선물로 주신 새날과 건강과 앞으로의 기회에 감사를 표하는 것은 감사하는 마음 자세를 확립하고, 맨 처음부터 자신의 목적을 하나님의 인도하심에 맞추는 것이다.

도전을 겪을 때 기도와 감사

기도와 감사는 도전을 헤쳐나가는 데 중요한 역할을 한다. 어려울 때 예배에 의지하는 것은 사람들로 하여금 힘을 찾고, 인도하심을 구하며, 소망을 유지하게 해준다. 교훈을 배우고, 도움을 받고, 회복력이 개발된 것에 감사를 표하는 것은 개개인이 밝은 희망을 찾고, 역경을 통해 성장하도록 해준다.

매일 실천하는 감사

의도적인 실천을 통해 감사를 일상생활에 접목하면 감사하는 마음 자세가 강화된다. 예를 들어, 매일 감사한 일을 기록하는 감사 일기를 계속하는 것은 초점을 긍정적인 쪽으로 옮기도록 도와준다. 또한 다른 사람에게 그들의 친절과 도움 또는 기여에 대해 직접 감사를 표현하는 것은 유대를 더 깊게 해주고, 인간관계를 강화해 준다.

의사 결정을 할 때 기도와 감사

기도와 감사는 중요한 결단에 직면했을 때 *명확성과 인도하심을 받게 할 수 있다. 지혜와 분별력을 위해 기도하는 시간을 갖고, 주신 기회에 감사를 표하는 것은 개개인이 자신의 가치와 목적, 그리고 공익에 맞는 선택을 하도록 도와준다. 기도와 감사는 개개인을 성공과 성취의 길로 이끄는 나침반 역할을 해준다.

* 명확성(clarity): 기도를 통해 영적 분별력을 갖게 되어 하나님의 뜻을 명확히 알게 됨

제5절 기도와 감사 의식(儀式)

안식일: 기도와 감사의 시간

유대인의 휴식일인 안식일을 지키는 것은 기도와 감사를 위한 헌신적인 시간을 준다. 안식일과 관련된 의식과 기도는 영적인 연결과 성찰과 감사를 위한 신성한 공간을 조성해준다. 촛불을 켜고, 기도문을 외고, 사랑하는 사람들과 축제 음식을 나누는 것은 예배 행위이자 그 주일 동안의 축복

에 대한 감사의 표현이 된다.

대제일(大祭日): 성찰, 기도, 감사

*로쉬 하샤나(신년절), *욤 키푸르(속죄일)와 같은 대제일(大祭日)은 깊은 자기 성찰과 기도와 감사를 하는 날이다. 이 신성한 기간은 개개인이 자신의 행동을 반성하고, 용서를 구하고, 받은 축복에 감사를 표할 기회를 준다. 대제일과 관련된 기도와 회개와 감사의 실천을 통해 개개인은 하나님의 자비하심에 맞추어 개인적 성장과 성공에 헌신할 것을 새로이 다짐한다.

*로쉬 하샤나(Rosh Hashanah): 나팔절이라고도 하는데, 유대 민간 달력으로 7월 1일은 정월 초하루 즉 설날이다.

*욤 키푸르(Yom Kippur): 유대 달력으로 7월 10일로, 대속죄일이라고 하는 가장 큰 명절이다. 모든 유대인은 이날 금식하며 하나님께 죄를 회개하는 등 용서와 화해를 실천한다.

기도와 감사는 유대인 신앙의 필수적인 측면이며 성공을 위한 강력한 도구를 제공한다. 기도와 감사를 규칙적으로 실천하는 습관을 길러 개개인은 하나님과 깊은 관계를 확립하고, 긍정적인 사고방식을 기르며, 인도하심을 구하고, 삶의 축복에 대한 감사를 표한다.

기도와 감사를 통하여 우리의 영적 여정에서 위안과 힘과 방향을 찾기를 바란다. 기도가 하나님과 소통하는 수단이 되고, 감사가 우리 주위에 있는 풍요함과 축복을 인식하게 하는 나침반이 되기를 바란다. 일상생활에 기도와 감사를 접목함으로써 우리는 꼭 물질적 추구뿐만 아니라 내적인 평안, 의미 있는 인간관계, 목적에 부합하는 삶 등을 가꾸는 데 성공하기 위한 견고한 토대를 마련하는 것이다.

우리의 기도가 진실함으로 가득 차고 우리의 마음이 감사로 넘치기를 바란다. 예배와 감사를 통해 하나님의 인도하심에 마음을 열고, 변화를 경험하고, 성공으로 향하는 길에서 우리를 기다리고 있는 풍성한 축복을 받아들이기 바란다.

제6절 기념일과 경사(慶事)에 드리는 기도와 감사

축제에서 감사 표하기

유대인의 축제는 기념할 만한 중요한 사건과 기적에 대해 감사를 표하는 특별한 기회가 된다. 예를 들어 유월절에는 노예 생활에서 해방된 것에 대해 감사를 표한다. 마찬가지로 *하누카(Hanukkah)는 기름의 기적과 성전의 재봉헌에 대해 감사를 표하는 때이다. 개개인은 축제 기도, 의식, 축복에 참여하여 역사적 사건에 공감하고, 그에 관련된 은사(恩賜)에 대해 감사를 표한다.

* 하누카(Hanukkah): 우상 숭배로 더럽혀진 성전을 정화하여 재봉헌한 날로 수전절(修殿節)이라 하며, 성전을 되찾았을 때, 성전을 밝힐 기름이 하루 분량밖에 없었지만 기름을 채우기까지 8일 동안 성전의 등이 꺼지지 않는 기적이 일어났다고 한다.

기념일의 기도와 감사

개인적으로 기념하는 날이거나 성취를 이루었을 때는 감사를 표하고 감사 기도를 드리는 기회가 된다. 졸업이나, 승진이나, 취업이나, 기타 어떤 중요한 업적을 달성했을 때, 반성하고, 기도하고, 감사를 표하는 시간을 갖는 것은 성공에 기여한 여정과 축복에 감사하는 마음을 깊어지게 한다.

공동체에서 함께 감사하기

공동체 차원에서 경사를 축하하는 것은 집단적으로 감사를 표현하도록 해준다. 예를 들어, 결혼식, 남녀 성인식, 기타 공동 축하 행사 등의 모임에서는 감사 기도를 낭독하고, 축복을 드리며, 공동체가 함께 모여 개인 또는 공동체에 주어진 축복에 대해 감사를 표한다.

제7절 기도와 감사의 변화시키는 힘

사고방식과 관점이 변화함

기도와 감사는 우리의 사고방식과 관점을 변화시키는 힘이 있다. 그들은 우리의 초점을 부족한 것에서 풍부한 것으로, 이기주의에서 우리가 받는 축복에 대한 감사로 전환시킨다. 또한, 기도와 감사를 통해 우리는 우리의 성취와 성공이 감사함을 인정해야 할 선물임을 인식함으로써 겸손한 태도를 기르게 된다.

회복력과 희망을 키움

기도와 감사는 어려움을 겪는 동안 회복력과 희망의 원천이 된다. 기도와 감사는 우리가 홀로 싸우고 있는 것이 아니라, 우리를 인도하시고 도우실 수 있는 하나님의 힘이 있다는 것을 상기시켜 준다. 기도에서 위안을 찾고, 배우게 된 교훈에 대해 감사를 표함으로써 우리는 회복력과 희망과 앞으로 더 나은 날이 있을 것이라는 믿음을 키울 수 있다.

영적 관계를 심화함

기도와 감사를 하면 하나님과 우리의 영적 관계가 깊어진다. 기도를 통해 우리는 하나님과 직접적이고 친밀한 관계를 발전시키고, 인도하심을 구하고, 감사를 표하고, 하나님께 의뢰함을 인정한다. 마찬가지로, 감사는 우리 마음과 하나님을 연결하는 다리 역할을 하며, 우리가 받는 축복에 대한 경외감과 놀라움을 키워준다.

기도와 감사는 유대인 전통에서 성공을 거두는 데 필수적인 요소이다. 기도와 감사는 영적인 연결과 개인적 성장, 그리고 하나님의 인도하심에 동조하기 위한 틀을 제공한다.

기도를 통해 우리는 하나님과 직접 소통할 수 있는 통로를 만들고, 조언을 구하며, 우리의 소망을 밝힌다. 반면에 감사는 감사해하고, 풍족해하고, 만족해하는 사고방식을 길러준다.

기도와 감사를 일상생활에 접목함으로써 우리는 그 실천의 변화시키는 힘을 얻는 길을 열게 된다. 기도와 감사는 우리의 마음 자세를 만들어 내고, 하나님과의 관계를 강화하며, 우리 삶에 축복과 기회를 불러온다. 기도와 감사는 어려울 때 위로를 주고, 하나님과의 관계를 깊어지게 하며, 우리가 경험하는 기념할 만한 일과 축복을 축하하고 감사를 표하게 해준다.

기도는 우리의 변함없는 동반자가 되어 우리를 성공의 길로 인도하고, 감사는 세상을 보는 우리의 렌즈가 되어 우리 주위의 풍요로움을 인식하게 하기를 바란다. 기도와 감사를 통해 우리는 우리가 구하는 힘과 명확성과 축복을 찾고, 목적 있는 삶, 성취하는 삶, 하나님과 연결되는 삶을 살 수 있다.

제8절 일상 습관으로서의 기도와 감사

아침의 기도와 감사

매일을 기도와 감사로 시작하면 그날 하루 동안은 긍정적인 기분과 마음 자세가 된다. 아침에 시간을 내어 선물로 주신 새날과 삶 속의 축복, 그리고 앞으로 올 기회에 대해 감사를 표하는 것은 긍정주의와 감사의 토대를 조성한다. 잠에서 깰 때의 감사 기도인 *모데 아니(Modeh Ani) 같은 아침 기도는 우리 삶 속의 하나님의 임재를 인정하고 감사를 표하는 데 도움이 된다.

* 모데 아니(Modeh Ani): 히브리어로 '나는 감사합니다'. 유대인들이 잠에서 깨어나 침대에 누워 낭송하는 기도문

하루 내내 기도와 감사

우리의 일상과 활동에 기도와 감사를 접목시키는 것은 우리로 하여금 하나님과의 지속적인 연결과 감사하는 마음가짐을 유지하게 해준다. 여기에는 식사 전후에 축도를 하고, 하루 내내 감사를 위해 잠깐씩 멈추고, 특정한 행사나 경험

을 할 때 기도드리는 것이 포함될 수 있다. 우리의 나날에 기도와 감사를 불어넣음으로써, 우리는 마음 챙김을 기르고, 영적인 연결을 깊게 하며, 감사를 증폭시키는 것이다.

저녁의 반성과 감사

저녁에 반성하고 감사하는 시간을 갖는 것은 하루를 되돌아보고, 우리가 받은 축복을 깨닫고, 우리의 경험과 상호 작용에 대해 감사를 표하게 한다. 또한 취침 전 *쉐마 기도와 같은 저녁 기도를 하는 것은 우리가 감사하는 마음으로 하루를 마무리하도록 도와주며, 편안한 밤잠을 자도록 준비해 준다.

* 쉐마(Shema): '들으라'라는 뜻으로, 신명기 6:4-9의 말씀을 지칭한다. 유대인 전통은 아침과 저녁에 이 말씀을 암송하게 되어 있다.

제9절 어려움을 겪을 때 기도와 감사

힘과 인도하심을 구하는 기도

기도는 어려움을 겪을 때 힘과 위로와 인도하심의 원천이 된다. 기도로 하나님께 의지하는 것은 우리로 하여금 도움을 얻고 내적 회복력을 찾게 해준다. 우리는 난관을 헤쳐나가고 장애를 극복할 수 있는 힘과 용기와 명확성을 구하는 기도를 할 수 있다. 우리는 우리의 염려와 어려움을 하나님의 능력에 맡김으로써 편안함과 하나님의 계획에 대한 신뢰를 얻는다.

배운 교훈에 대한 감사

어려울 때도 배우는 교훈과 성장의 기회가 있다. 어려움을 겪는 동안 배운 교훈에 대해 감사를 표현하는 것은 우리로 하여금 상황을 재구성하고 역경 가운데 의미를 찾게 해준다. 지혜를 얻고, 회복력이 개발되고, 개인적 성장을 이루었다는 점에 초점을 맞춤으로써 우리는 어려운 상황에서도 감사하는 마음 자세를 기르는 것이다.

공동체 지원과 기도

어려울 때 공동체 지원과 집단 기도의 힘은 더욱더 중요해진다. 어려운 사람들을 위해 기도하고, 지원을 제공하고, 어려움을 서로 나누기 위해 공동체로 모이는 것은 부담감을 덜어주고 일체감을 조성하고 힘을 공유하는 데 도움이 된다. 어려움을 당한 사람들을 위한 특별 헌신 예배나 철야 기도와 같은 공동 기도회를 통해 우리는 집단적인 합심과 지원의 힘을 이용하게 된다.

　기도와 감사는 우리의 마음 자세를 만들어 내고, 하나님과의 관계를 강화하며, 우리의 복지와 성공에 기여하는 영향력 있는 습관이다. 일상생활에 기도와 감사를 접목함으로써 우리는 감사하는 태도를 키우고, 영적인 연결을 심화시키며, 어려운 시기에 위로와 인도하심을 받는다.

　기도가 우리의 여정을 안내하는 변함없는 동반자가 되고, 감사가 세상을 보는 렌즈가 되어 우리 주위의 풍요함과 축복을 인식하게 하기를 바란다. 기도와 감사를 통해 우리는 하나님의 인도하심에 자신을 맞추고, 우리의 영혼을 키우며, 개인적인 성장과 회복력과 성공을 위한 기반을 조성한다. 우리가 기도할 때 위안과 힘과 감사를 찾고, 우리 삶 속의 축복에 대한 감사함이 우리 마음속에 넘치기를 바란다.

제7장

성공의 윤리:
물질적 성공과 유대인 가치의 균형 맞추기

유대교에서는 윤리적 행동을 매우 강조한다. 따라서 이 장에서는 개개인이 어떻게 정직, 친절, 관대함과 같은 유대인의 가치를 지키면서 물질적 성공을 이룰 수 있는지를 탐구할 수 있을 것이다.

- 유대인의 전통에서 윤리적 행동이 사회적 책임, 도덕성 발달 및 인간 존엄성에서 하는 역할과 중요성에 대한 토론
- 개개인이 윤리적 목표를 설정하고, 멘토의 조언을 구하고, 공동체에 환원하는 등 어떻게 정직, 연민, 관대함과 같은 유대인의 가치를 지키면서 물질적 성공을 달성할 수 있는지 탐구
- 유대인의 경전과 롤모델과 의식(儀式)을 이용하는 등,

물질적 성공과 윤리적 행동의 균형을 맞추기 위한 조언

야망과 겸손은 외견상으로는 모순되는 두 가지 특성이지만 유대인의 전통에서는 개개인이 진정한 성공을 달성하도록 도울 수 있는 상호보완적인 가치로 여겨진다. 야망과 겸손 사이의 건전한 균형을 이룸으로써 개개인은 삶의 축복에 대한 겸손과 감사의 기반을 유지하면서 열정과 목적을 가지고 자신의 목표와 열망을 추구할 수 있는 것이다.

한편으로는, 야망이 삶의 어떤 부문에서는 성공하는 데 필수적이다. 야망과 욕구가 없으면 개개인은 자신의 목표와 열망을 추구하는 데 필요한 동기와 초점이 없을 것이다. 다른 한편으로는, 유대인 전통에서 야망은 다른 사람에 대한 목적과 책임에 기반을 둔 긍정적 특성이다.

그렇지만, 야망을 이기주의와 사리사욕으로만 추구할 때 골칫거리가 될 수도 있다. 개개인이 자신들의 성공과 성취에 너무 집중하면 더 큰 그림과 그들의 행동이 다른 사람에게 미치는 영향을 보지 못할 수 있다. 이러한 위험을 피하기 위해 유대인 전통에서는 삶의 축복에 대한 겸손과 감사하는 마음을 기를 것을 강조한다.

겸손은 자기 비하나 겸손한 척하는 것이 아니라 오히려 우리의 한계와 우리의 성공에 다른 사람들이 기여했음을 진심으로 인식하는 것이다. 겸손함을 기름으로써 개개인은 목적과 의미에 대한 보다 깊은 이해를 바탕으로 자신의 이기주의와 야망에 사로잡히는 것을 피할 수 있다.

다음 장에서 우리는 유대인의 전통에서 야망과 겸손에 대한 몇 가지 필수적인 가르침과 관습을 탐구할 것인데, 여기에는 의미 있는 목표를 설정하고 목적을 가지고 이를 추구하는 것의 중요성, 겸손을 기르는 데 있어 감사의 역할, 그리고 야망과 겸손의 균형을 유지하는 데 있어 공동체의 힘 등이 포함된다. 유대인 전통의 지혜에서 배움으로써 개개인은 야망과 겸손 사이의 건전한 균형을 이루고 삶의 모든 측면에서 진정한 성공을 달성할 수 있다.

성공을 추구하는 데 있어 우리의 행동과 성취를 우리의 핵심 가치와 원칙에 맞추는 것은 필수적이다. 유대인의 전통은 윤리적 행동의 틀을 제공하고 도덕적 기준을 지키면서 성공의 길을 가도록 안내한다. 이 장에서는 성공 추구에 수반되어야 할 윤리적 고려 사항들을 강조하면서, 물질적 성공과 유대인의 가치 사이의 균형을 유지하는 것의 중요성을 탐구한다.

제1절 유대인의 가치로 성공 정의하기

물질적 성공 이해하기

재력(財力), 직업적 성취, 대외적 인정 등은 종종 물질적 성공의 척도가 된다. 이러한 측면들이 성공을 나타낼 수 있지만, 유대교는 영적 성장, 개인적 성취, 다른 사람들과 세상에 긍정적인 영향 미치기 등을 포괄하는 더 넓은 정의를 권장한다. 성공 추구를 유대인의 가치에 맞춤으로써 성취의 의미와 목적을 격상시키는 것이다.

유대인의 가치로 본 성공

유대교는 도덕성, 겸손, 연민, 정의, 사회적 책임 등을 권장한다. 이러한 가치는 다른 사람과의 상호 작용에 지침이 되고, 의사 결정 과정을 구성하며, 사회에 긍정적인 영향을 미치기 위해 헌신하도록 일깨워 준다. 이러한 가치를 받아들임으로써 우리는 성공 추구에 도덕적 나침반을 심어 우리의 성취가 의(義)에 기반을 두도록 보장한다.

제2절 윤리적 사업 관행

정직과 진실성

사업 거래에서 정직과 진실성을 유지하는 것은 유대인의 기본적인 가치이다. 윤리적 사업 관행에는 정직, 계약 존중, 다른 사람들을 공정하게 대우하기 등이 포함된다. 이러한 원칙을 유지함으로써 우리는 신뢰를 구축하고, 장기적인 인간관계를 형성하며, 우리의 전반적인 성공에 기여하는 긍정적인 평판을 만들어 낸다.

공정과 정의

사업에서 공정하고 정의롭게 행동하는 것은 성공을 유대인의 가치에 맞추는 또 하나의 필수적인 측면이다. 직원들과 고객들과 납품 업자들을 공평하게 대하고, 착취를 방지하고, 노동법을 지키는 것 등은 모두 정의의 표현이다. 공정과 정의를 소중하게 생각하는 작업 환경을 조성함으로써 지속 가능한 성공을 장려하는 문화를 육성하는 것이다.

사회적 책임

더 넓은 공동체와 사회에 대한 책임을 인식하는 것은 유대인의 성공 개념에서 필수적이다. 자선 사업과 기부, 공동체 봉사 활동에 참여하는 것은 사회적 책임에 헌신하는 것을 보여준다. 다른 사람에게 혜택을 주고, 사회의 난제를 해결하는 데 우리의 성공을 활용함으로써 우리는 공익에 기여하고, 우리의 업적에 더 깊은 성취감을 느끼게 된다.

제3절 일과 개인 생활의 균형 맞추기

가족과 인간관계를 우선하기

성공이 우리의 인간관계와 개인적 행복을 희생하면서 이루어져서는 안 된다. 유대교는 가족의 중요성과 사랑하는 사람들과의 의미 있는 관계를 유지하는 것을 강조한다. 일에 몰두하는 것과 가족과 보내는 소중한 시간과의 균형을 맞추고, 인간관계를 기르는 것은 조화롭고 성취감을 주는 삶을 만들어 내는 데 도움이 된다.

안식일과 명절 지키기

안식일과 유대교 명절의 신성한 시간을 지키는 것은 일에서 벗어나 영적, 개인적 회복에 집중할 수 있는 기회를 준다. 안식일은 휴식과 반성, 그리고 가족 및 공동체와 보내는 소중한 시간을 갖게 해준다. 이러한 전통을 존중함으로써 일과 개인 생활 사이에 경계가 확립되어 성공을 위한 균형 잡힌 방법이 확보되는 것이다.

제4절 윤리적 의사 결정

윤리적 딜레마와 유대인의 가치

성공을 추구하다 보면 유대인의 가치에 대한 우리의 의지를 시험하는 윤리적 딜레마에 마주칠 수 있다. 정의 추구, 잠재적 피해의 고려, 인간 존엄성의 중요성과 같은 유대교의 윤리 원칙을 적용하면 우리가 올바른 결정을 내리는 데 도움이 될 수 있다. 또한, 유대교 경전을 찾아보고, 지혜로운 멘토의 지도를 구하고, 윤리적 토론을 하는 것은 복잡한 상황을 헤쳐나가는 데 도움이 된다.

티쿤 올람: 세상을 고침

세상을 고친다는 개념인 티쿤 올람(Tikkun Olam)은 유대교 윤리에서 중심이 된다. 성공은 개인적 성취일 뿐 아니라 사회에 긍정적인 영향을 미치는 것이기도 하다. 사회 정의, 환경 관리, 평등 촉진 운동에 참여하는 것은 세상을 고치고 개선한다는 더 큰 목표에 기여하는 것이다.

물질적 성공과 유대인의 가치의 균형을 맞추려면 의식적인 의도와 의지가 필요하다. 유대인의 가치로 성공을 정의하고, 윤리적 사업 관행을 고수하고, 일과 생활의 건전한 균형을 유지하고, 윤리적인 결정을 내림으로써 우리는 의미 있고 지속 가능하며 핵심 원칙에 부합하는 성공을 달성할 수 있다.

우리가 유대인의 가치에 따른 성공을 위해 노력하여, 우리의 성취가 우리 자신과 공동체와 세상에 선(善)과 의(義)를 가져오기를 바란다. 성공 추구에 윤리를 접목함으로써 우리는 개인적 성취를 넘어 진실성과 연민과 사회적 책임이라는 유산을 만들어 내는 것이다.

이익과 사회적 영향의 균형 맞추기

재정적 성공은 정당한 목표이지만 유대인의 가치는 우리 행동의 사회적 영향을 고려하도록 권고한다. 우리는 수익성과 사회적 책임을 모두 우선시하는 사업 관행을 위해 노력해야 한다. 여기에는 *사회적으로 의식 있는 사업에 투자하거나, *공정 무역 관행을 지원하거나, 기업이 환경에 미치는 영향을 고려하는 것이 포함될 수 있다. 이익과 사회적 영향 간의 균형을 유지함으로써 우리는 보다 정의롭고 지속 가능한 세상에 기여하는 것이다.

* 사회적 책임 투자(SRI): 투자의 수익성만 따지는 것이 아니라, 기업의 환경적 영향, 사회적 책임, 윤리적 경영 등을 고려하여 투자하는 것

* 공정 무역(Fair Trade): 개발도상국의 경제적 자립과 지속가능한 발전을 목적으로 생산자에게 정당한 대가를 지불하는 등 공정한 교역을 위해 힘쓰는 사회 운동

투명성과 책임성

투명성과 책임성은 윤리적 의사 결정의 필수 요소이다. 유대인의 가치는 개방성, 정직, 행동에 책임지기의 중요성을 강조한다. 조직 내의 투명성을 기르고, 모든 직급에서 책임

감을 고취하며, 피드백과 건설적인 비판을 받아들임으로써 우리는 윤리적 원칙이 성공 추구의 지침이 되게 한다.

제5절 성공과 겸손

겸손 함양하기

겸손은 유대교의 핵심 가치이며, 우리로 하여금 우리의 성취가 혼자서 해낸 일이 아니라는 점을 인식하고 유념하도록 일깨워 준다. 성공이 오만이나 특권의식이 아니라 감사와 겸손으로 이어져야 한다. 다른 사람들의 기여를 인정하고, 우리에게 주어진 기회에 감사를 표하고, 우리의 업적에 대해 겸허함을 잃지 않음으로써 우리는 성공에 대한 윤리적 접근을 유지하는 것이다.

환원하기

성공과 유대인 가치의 균형을 맞추는 데 있어 필수적인 측면은 환원에 대한 의지이다. 유대인의 전통에서는 체다카(Tzedakah-자선적 기부)와 게미루트 차사딤(Gemilut

Chasadim 자애로운 행동)을 매우 중요하게 여긴다. 우리
가 성공하면, 우리는 우리가 받은 축복을 다른 사람들과 나
누고, 우리의 가치에 부합하는 일을 지원할 책임이 있다. 우
리는 공동체에 환원하고 어려운 사람들을 도움으로써 성공
의 윤리적 기반을 강화하는 것이다.

물질적 성공과 유대인 가치의 균형을 맞추려면 지속적인
성찰과 의도성과 윤리적 행동을 하려는 의지가 필요하다.
유대인의 가치관으로 성공을 정의하고, 의사 결정 과정에
윤리를 반영하고, 겸손과 기부의 마음 자세를 기름으로써
우리는 물질적 성공과 도덕적 진실성의 조화로운 통합을 만
들어 내는 것이다.

우리의 성공 추구가 유대인의 가치를 지침 삼아 윤리적 선
택을 하고, 사회적 책임을 우선하며, 더 좋은 세상을 만드는
데 기여할 수 있기를 바란다. 우리의 업적을 핵심 원칙에 맞
춤으로써 우리는 성공이 외부적 지표뿐만 아니라 다른 사람
들에게 미치는 긍정적인 영향과 뒤에 남기는 지속적인 유산
에 의해서도 평가되도록 하는 것이다.

제6절 환경 관리

환경에 대한 유대인의 관점

유대교는 환경 관리의 중요성과 지구를 돌봐야 할 책임을 인식하고 있다. 낭비와 파괴를 금하는 *발 타쉬트의 개념은 우리가 환경에 미치는 영향을 유념하도록 일깨워 준다. 지속 가능한 관행을 우리의 사업과 개인 생활에 접목시킴으로써 유대인의 가치에 맞추고, 보다 지속 가능하며 생태학적으로 균형 잡힌 세상에 기여하는 것이다.

* 발 타쉬트(Bal Tashchit): 신명기 20:19에 뿌리를 두고 있는 율법으로, '멸하지 말라'라는 유대교의 기본 윤리 원칙이다.

지속 가능한 사업 관행

지속 가능한 관행을 우리의 사업에 접목하는 것은 윤리적으로 필수적이다. 이에는 폐기물 줄이기, 자원 아끼기, 재생 가능한 에너지원 사용하기, 탄소 배출량 최소화하기 등이 포함된다. 환경친화적인 관행을 받아들이는 것은 지구를 보존하고, 미래 세대에게 더 나은 미래를 보장하겠다는 우리의 의지를 보여주는 것이다.

티쿤 올람과 환경 운동

세상을 고친다는 유대인의 원칙인 티쿤 올람(Tikkun Olam)은 환경 운동에까지 확대된다. 환경 문제에 대처하고, 보존 계획을 지원하고, 환경을 지키는 정책을 지지하는 데 적극적인 역할을 하는 것은 모두 우리의 윤리적 책임을 표현하는 것이다. 생태학적 운동에 참여하는 것은 유대인의 가치를 구현하고 지구의 웰빙에 기여하는 것이다.

제7절 자선 활동과 사회적 영향

체다카의 힘

자선적 기부 행위인 체다카(Tzedakah)는 유대인의 전통에 깊이 뿌리를 박고 있다. 자선 활동은 어려운 사람들을 북돋아주고, 사회 정의를 촉진하며, 보다 공평한 사회를 만드는데 기여하는 수단으로 여겨진다. 성공의 일부를 체다카에 배분함으로써 우리는 사회적 불평등에 대처하는 것을 돕고,

기부의 신성한 의무에 참여하는 것이다.

전략적인 자선 활동

전략적인 자선 활동에는 우리의 가치에 부합하고 지속적인 영향력을 가진 일을 찾아내고 지원하는 것이 포함된다. 철저한 조사를 하고, 전문가의 조언을 구하고, 의미 있는 변화를 가져올 수 있는 영역에 자선 활동을 집중함으로써 우리 기부 활동의 사회적 영향을 극대화하는 것이다. 또한 전략적인 자선 활동은 우리의 자선 사업이 목적의식이 있고, 성과 지향적이며, 윤리적으로 추진되도록 보장해준다.

사회적 기업가 정신

사회적 *기업가 정신은 사업 수완과 사회 문제 해결 의지가 결합된 것이다.

* 기업가 정신(Entrepreneurship): 기업의 본질인 이윤 추구와 사회적 책임의 수행을 위해 기업가가 마땅히 갖추어야 할 자세나 정신

재정적 성공과 함께 사회적 영향을 우선시하는 사업체나

벤처 기업을 설립함으로써 우리는 유대인의 가치를 기업 활동에 통합하는 것을 보여준다. 사회적 기업가 정신은 우리로 하여금 성공을 추구하면서 실질적인 차이를 만들어 낼 수 있게 한다. 물질적 성공과 유대인의 가치의 균형을 맞추는 것은 사업과 환경 관리와 자선 활동에 대한 윤리적 접근을 필요로 한다. 지속 가능한 관행을 받아들이고, 자선 활동에 참여하고, 우리 행동의 사회적 영향을 고려함으로써 우리는 유대인의 가치에 부합하는 성공을 이룰 수 있다.

환경과 공동체와 어려운 사람들에 대한 우리의 책임을 인식하고 유대인의 윤리를 지침 삼아 성공을 위해 노력하기를 바란다. 우리의 가치를 지킴으로써 우리는 개인적 성공을 달성하고, 보다 공정하고, 지속 가능하며, 인정 많은 세상을 만드는 데 기여하는 것이다.

제8절 윤리적 리더십

윤리적 행동에 있어서 리더십의 역할

지도자는 조직과 공동체의 윤리적 문화를 형성하는 데 깊은 영향을 미친다. 유대인의 가치는 진실성, 투명성, 정의에 대한 의지 등을 특징으로 하는 윤리적 리더십의 중요성을 강조한다. 이러한 가치를 구현함으로써 지도자는 다른 사람들이 윤리적으로 행동하고 그들의 노력이 전반적인 성공을 거두는 데 기여하도록 자극을 준다.

솔선수범하기

리더십은 개인적인 성공을 이루는 것뿐만 아니라 다른 사람들에게 본보기를 보이는 것이기도 하다. 유대인의 전통은 우리 삶의 모든 측면에서 윤리적 행동을 보여줌으로써 솔선수범하는 것의 중요성을 가르친다. 정직, 긍휼, 사회적 책임감 등의 본보기가 됨으로써, 우리는 주변 사람들이 이를 따르고 보다 윤리적이고 성공적인 공동체를 만드는 데 기여하도록 자극을 준다.

윤리적 딜레마 헤쳐나가기

지도자는 세심한 고려와 의사 결정이 필요한 복잡한 윤리적 딜레마에 직면하는 경우가 많다. 지도자들은 유대인의 가치를 근거로 선택을 함으로써 진실성과 의로움으로 이러한 딜레마를 헤쳐나갈 수 있다. 유대교 경전을 찾아보고, 멘토에게 조언을 구하고, 윤리적 심의를 하는 것은 지도자들이 유대인의 원칙에 맞는 윤리적이고 정보에 근거한 결정을 내리는 데 도움이 된다.

제9절 윤리적인 조직 문화 육성하기

가치에 기반한 조직

윤리적인 조직 문화를 육성하는 것은 조직을 이끌어가는 가치를 명확하게 정의하고 알리는 것에서부터 시작된다. 다음으로, 조직은 사업 관행과 의사 결정을 유대인의 가치에 맞춤으로써 윤리적 행동이 소중히 여겨지고 보상받는 환경을 조성한다. 이는 결국 그러한 가치를 공유하는 사람들을 끌어들이고, 조직의 전반적인 성공과 명성에 기여한다.

윤리적 기준과 행동 강령

윤리적 기준과 행동 강령을 확립하는 것은 조직 내에 윤리적 행동의 체계를 제공한다. 조직은 직원들과 납품 업자들과 이해 관계자들에 대한 기대치를 보여줌으로써 진실하고 윤리적인 의사 결정 문화를 위한 장을 마련한다. 정기적인 연수와 소통과 기준의 보강은 윤리적인 조직 문화를 유지하는 데 도움이 된다.

윤리적 의사 결정 과정

조직은 사려 깊은 분석과 윤리적 영향에 대한 고려를 권장하는 과정을 시행함으로써 윤리적인 의사 결정을 장려할 수 있다. 이에는 윤리 위원회 조직, 윤리적 관심사 보고 채널 제공, 윤리적 문제에 관한 열린 대화를 장려하는 문화 육성 등이 포함될 수 있다. 윤리적 의사 결정을 조직의 구조에 통합함으로써 성공은 본질적으로 윤리적 행동과 연관을 맺게 된다. 물질적 성공과 유대인 가치의 균형을 맞추려면 윤리적 리더십, 조직 문화, 그리고 우리 삶의 모든 측면에서 유대인 원칙을 지키려는 의지가 필요하다. 유대인의 가치를 리더십 관행에 접목시키고, 조직 내에서 윤리적 행동을 권장하고, 다른 사람들이 윤리적으로 행동하도록 자극함으로써 우리는 의(義)에 뿌리내린 성공의 토대를 조성하는 것이다.

진정한 성공은 재정적 성취만으로 평가되는 것이 아니라,

개개인과 공동체와 사회에 미치는 긍정적인 영향으로 평가
된다는 점을 인식하고, 성공에 따르는 윤리적 책임을 받아
들이기를 바란다. 우리의 성공 추구에 유대인의 가치를 접
목함으로써, 우리는 개인의 성취를 넘어 진실성과 연민과
사회적 책임이라는 유산을 만들어 내는 것이다.

제10절 윤리적 도전 극복

현대 세상의 윤리적 딜레마

현대 사회에서 개개인과 조직들은 유대인의 가치에 대한
의지를 시험할 수 있는 복잡한 윤리적 도전에 직면해 있다.
이러한 도전에는 기술과 세계화와 빠르게 변화하는 사회 규
범과 관련된 문제들이 포함될 것이다. 그러나 우리는 유대인
의 가르침과 원칙에 기반을 둠으로써 지혜와 진실성, 그리고
윤리적 명확성을 가지고 이러한 도전을 헤쳐나갈 수 있다.

윤리적 의사 결정 체계

윤리적 도전에 대처하는 데는 유대인의 원칙에 기반을 둔

윤리적 의사 결정 체계에 의존하는 것이 도움이 될 수 있다. 이러한 체계는 우리 선택의 윤리적 영향을 평가하는 체계적인 방안을 제공하고, 가장 도덕적으로 건전한 행동 방식으로 우리를 인도한다. 이러한 체계를 통해 우리는 어려운 상황에서도 정보에 기반한 윤리적 결정을 내릴 수 있다.

지도 및 지원 요청

윤리적 도전에 직면했을 때 멘토, 랍비 또는 신뢰할 만한 조언자에게 지도와 지원을 구하면 소중한 통찰력과 견해를 얻을 수 있다. 솔직한 논의를 하고, 유대교 경전을 공부하고, 공동체 내 윤리 토론회에 참가하는 것은 우리가 복잡한 윤리적 난국을 헤쳐나가는 데 도움이 될 수 있다. 지원 네트워크를 조성하고 다른 사람들의 집단적 지혜를 이용함으로써 우리의 도덕적 해법을 보강한다.

제11절 유혹에 맞서 윤리적 진실성 유지하기

성공은 때때로 우리의 윤리적 진실성에 도전하는 유혹을 불러올 수 있다. 탐욕, 부정직, 착취가 성공의 지름길일지도모른다. 그러나 유대인의 가치는 우리에게 이러한 유혹을 참고 윤리적 행동의 의지에 변함이 없도록 일깨워 준다. 우리는 가치에 충실함으로써 타협된 윤리로 우리 성공이 훼손되지 않도록 보장한다.

책임 의식과 자기 성찰

윤리적 진실성을 유지하려면 지속적인 자기 성찰과 책임 의식이 필요하다. 우리의 행동과 동기와 결정을 검토하는 것은 우리의 도덕적 원칙에서 벗어나거나 실수한 것을 식별하는 데 도움이 된다. 책임을 지고 기꺼이 경로 수정을 함으로써 우리는 윤리적 진실성을 지키고 유대인 가치에 대한 의지를 강화한다.

윤리적 용기

윤리적 용기는 저항을 받거나 인기가 없더라도 옳은 것을 옹호하는 능력이다. 윤리적 딜레마에 직면했을 때 유대인의 가치에 맞는 선택을 하려면 용기가 필요하며, 특히 그것이 사회적 규범이나 개인적 이익과 충돌할 때 더욱 그렇다. 도덕적 용기를 배양함으로써 우리는 성공이 우리의 윤리적 진실성을 희생하지 않도록 한다.

물질적 성공과 유대인 가치의 균형을 맞추려면 조심하기, 윤리적 체제, 그리고 원칙에 맞는 선택을 하는 용기가 필요하다. 우리는 윤리적 도전을 극복하고 유혹에 맞서 윤리적 진실성을 유지하며, 필요할 때 지도와 도움을 구함으로써 성공의 도덕적 기반을 유지한다.

우리가 세상의 복잡한 문제들을 헤쳐나갈 때 유대교 가치의 인도를 받으며, 언제나 의와 정의와 긍휼에 기반을 둔 성공을 이루려고 노력하기를 바란다. 우리의 성공 추구에 윤리를 통합함으로써, 우리가 가진 최고의 유대인 유산을 반영하며, 더욱 윤리적이고 조화로운 사회를 만드는데 기여하는 유산을 만들어 내는 것이다.

제8장

역경 극복하기: 유대인의 전통에서 힘 찾기

인생은 도전과 좌절로 가득 차 있다. 이 장에서는 유대인의 전통이 어떻게 개개인에게 역경을 극복하고 성공할 수있는 힘과 회복력을 줄 수 있는지 탐구할 수 있을 것이다.

- 성공으로 가는 길에서 개개인이 직면할 도전과 좌절에 대한 논의
- 유대인의 전통이 개개인에게 어떻게 역경을 극복하고 성공할 수 있는 힘과 회복력을 줄 수 있는지 탐구
- 유대인의 지혜를 이용하여 도전을 극복하는 비결

역경과 실패는 인생의 불가피한 측면이지만, 유대인의 전통은 이러한 도전을 극복하여 더욱 강해지고 회복력을 갖게되는 데 소중한 통찰을 준다. 신앙심과 회복력을 배양함으로써 우리는 좌절과 실패를 성장과 성공의 기회로 바꿀 수

있다.

유대인의 전통의 중요한 가르침 중 하나는 브첼렘 엘로힘 (b'tzelem Elohim)의 개념, 즉 모든 인간이 하나님의 형상으로 창조되었다는 생각이다. 이러한 기본적인 믿음은 상황이나 어려움에 상관없이 모든 사람의 고유한 존엄성과 가치를 주장한다. 우리의 본질적인 가치와 중요성을 인식하고 받아들임으로써, 우리는 지극히 힘든 장애라도 극복하도록 돕는 회복력과 자신감을 기를 수 있다.

더욱이, 유대인의 전통은 역경에 직면했을 때 신앙심과 회복력의 힘을 보여주는 많은 이야기와 가르침의 유산을 제공해 준다. 형들에 의해 노예로 팔렸지만 결국 이집트에서 영향력 있는 지도자가 되어 일어선 토라 속의 요셉 이야기부터, 우리가 인생의 도전에 직면했을 때, 어떻게 회복력과 신앙심을 키울 수 있는지에 대한 소중한 통찰을 주는 탈무드와 미드라쉬의 가르침까지, 유대인 전통은 역경을 극복할 수 있는 풍부한 지혜와 영감을 제공해 준다.

또한 유대인의 전통은 어려운 상황에서도 하나님에 대한 깊은 믿음을 기르는 것의 중요성을 가르쳐 준다. 기도, 묵상, 기타 영적인 관습을 통해, 우리는 지극히 어려운 상황에서

도 은혜와 회복력으로 헤쳐나가도록 도와주는 힘과 지혜의 원천을 이용할 수 있다.

　다음 절들에서 우리는 유대인 전통의 회복력과 신앙에 대한 몇 가지 기본적인 가르침과 관습을 탐구할 것이다. 여기에는 기도와 묵상의 역할, 위기 때 공동체의 힘, 실패에 직면했을 때 *성장형 사고방식을 받아들이는 것의 중요성 등이 포함될 것이다. 유대인 전통의 지혜로부터 배움으로써 우리는 역경을 극복하고 삶의 모든 측면에서 성공을 거두는 데 필요한 회복력과 신앙을 키울 수 있다.

* 성장형 사고방식(growth mindset): 자신의 노력으로 자신이 처한 현실을 바꿀 수 있다고 믿는 생각으로 성공의 가장 기본적인 필수 요소이다.

　역경은 인생에서 불가피한 부분이며, 그에 어떻게 대응하느냐에 따라 성공을 향한 우리의 여정이 구성된다. 유대인의 전통에서 우리는 역경을 헤쳐나가고 극복하기 위한 지혜와 지침을 얻는다. 우리 조상들의 경험, 유대교 경전의 가르침, 역사 전반에 걸친 유대 민족의 회복력 등을 통해 우리는 역경에 맞서고 성공을 달성하기 위한 힘과 영감과 실제적인 전략을 얻을 수 있다.

제1절 유대 민족의 회복력

역사적 관점

역사 전반에 걸쳐 유대 민족은 박해, 추방, 압제 등 수많은 역경에 직면하였다. 이러한 도전에도 불구하고 유대 민족은 놀라운 회복력과 끈기와 그들의 삶과 공동체를 재건하는 능력을 보여주었다. 조상들의 이야기를 공부함으로써 우리는 우리 삶에서 어떻게 역경을 견디고 극복할지에 대한 영감과 교훈을 얻는다.

유대인 역사로부터의 교훈

유대인의 역사는 회복력과 생존에 대한 소중한 교훈을 준다. 이집트 탈출부터 홀로코스트 기간 동안 유대 민족의 생존까지, 우리는 신앙의 힘, 공동체의 지원, 역경 속에서 유대인의 정체성 보존 등에 대해 배운다. 이 이야기들은 우리로 하여금 유대 민족의 불굴의 정신을 일깨워 주고, 도전을 헤쳐나가기 위한 지침을 제공해 준다.

제2절 믿음과 소망의 힘

힘의 원천으로서의 신앙

유대교에서 신앙은 역경 중에 힘과 회복력의 원천이다. 더 높은 분의 능력에 대한 믿음, 하나님의 인도하심에 대한 신뢰, 그리고 우리가 혼자가 아니라는 확신은 어려운 상황에 직면할 때 위로와 용기를 줄 수 있다. 기도와 공부, 유대교의 가르침에 대한 성찰을 통해 우리는 어려울 때 우리를 견디게 해주는 깊은 신앙심을 배양한다.

원동력으로서의 소망

소망은 우리가 낙관주의와 투지로 역경에 맞서게 해주는 강력한 힘이다. 유대인의 전통은 가장 암울한 시기에도 소망의 중요성을 강조한다. 티크바(Tikvah), 즉 '소망'의 개념을 받아들임으로써, 우리는 인내하고, 긍정적인 관점을 유지하며, 더 밝은 미래를 향해 일할 힘을 얻는다. 소망은 우리의 회복력을 키워주고, 성공의 길로 우리를 몰고 간다.

제3절 역경 속에서 의미 찾기

고통의 가르침을 받아들임

유대인의 전통은 고통스러운 현실을 인정하고 역경 속에서 의미를 찾는 통찰력을 준다. 이수림(Yissurim), 즉 '지옥(고통)'의 개념은 도전이 성장과 자기 성찰과 영적인 변화의 기회가 되어줄 수 있음을 가르쳐 준다. 역경에 대한 우리의 관점을 재구성함으로써, 우리는 소중한 교훈을 발견하고, 유대인의 가치와 연결을 심화하며, 어려운 상황 가운데 목적을 찾을 수 있다.

헤세드(Chesed) 행동: 역경 속에서의 친절

역경을 겪을 때는 헤세드 행동, 즉 친절이 더욱 중요해진다. 우리는 도전에 직면한 다른 사람들에게 긍휼과 지원과 도움을 베풀고, 우리의 회복력을 강화함으로써 그들의 고통을 완화해준다. 또한, 헤세드 행동은 우리로 하여금 공동체로서의 우리의 상호 연계성과 역경을 극복하는 데 있어 집단적 지원의 힘을 일깨워 준다.

제4절 역경 극복 전략

정신력 배양하기

역경에 맞서려면 정신력과 회복력을 배양하는 것이 필요하다. 유대인의 가르침으로부터 우리는 영혼을 살찌우고, 어려운 시기를 견뎌내게 하는 내적 강인함을 주는 매일 기도, 묵상, 토라 공부와 같은 습관을 개발할 수 있다. 우리의 영적 웰빙을 증진해 줌으로써, 우리는 역경을 극복하고 성공을 추구할 수 있는 수단을 갖추게 되는 것이다.

공동체로부터 지원 구하기

유대인 공동체는 역경 중에 힘과 지원을 얻는 원천이다. 회당과 주민 센터 및 유대인 조직에서 우리는 가치를 공유하고 정서적, 영적, 실제적 지원을 제공할 수 있는 인맥을 구할 수 있다. 역경에 처했을 때 함께 모이는 것은 서로 의지하고, 경험을 공유하고, 공동체의 이해와 동정 속에서 위안을 얻게 해준다.

유대인의 경전과 가르침에서 지혜 얻기

유대인의 경전과 가르침은 역경을 헤쳐나가기 위한 심오한 지혜와 지침을 준다. 토라, 탈무드, 그리고 기타 경전들은 회복력에 대한 이야기, 도전에 대처하기 위한 조언, 우리의 행동을 인도하는 도덕적 원칙 등을 제공한다. 이 경전들을 연구하고 토라 공부를 함으로써 우리는 어려움을 겪을때 우리를 격려해주고 북돋아 주는 풍부한 지혜의 원천을 이용하게 된다.

티쿤 올람 수용하기: 세상을 고침

티쿤 올람 즉 '세상을 고침'의 개념은 우리가 적극적으로 사회 정의를 위한 행동에 참여하고 우리 주위의 세상에 긍정적인 영향을 미치도록 권장한다. 우리의 에너지와 노력을 변화를 일으키는데 쏟음으로써 우리의 초점을 역경에서 더 공정하고 인정 많은 사회를 만들어 내는 것으로 옮기는 것이다. 티쿤 올람에 참여하는 것은 우리에게 힘을 주고, 목적의식을 주며, 역경 극복을 위한 투지를 북돋아 준다.

제5절 회복력과 인내심 갖기

회복력 만들기

회복력은 역경에서 회복하고 새로운 상황에 적응하는 능력이다. 유대인의 전통은 우리에게 감사를 함양하고, 마음 챙김을 실천하며, 긍정적인 사고방식을 유지하는 등 회복력을 강화하는 도구와 습관을 제공해 준다. 결과적으로, 우리는 이러한 기술을 개발함으로써 도전에 맞서고, 인내하며, 성공할 준비를 더 잘 갖추게 되는 것이다.

역경에서 배우기

역경은 우리의 개인적 성장과 회복력을 형성해 줄 수 있는 소중한 교훈을 준다. 우리의 경험을 되새겨보고, 배운 교훈을 확인하고, 미래의 도전에 그것을 적용함으로써, 우리는 역경을 성장과 자기 개선의 기회로 바꿔놓는다. 유대인의 전통은 역경을 개인적, 영적 발전의 촉매로 받아들이도록 가르친다.

유대인의 전통에서, 우리는 역경을 극복하고 성공을 달성하기 위한 힘과 인도와 자극의 원천을 얻는다. 유대 민족의 회복력을 이용하여, 믿음과 소망을 갖고, 고생 가운데 의미를 찾으며, 실제적인 전략을 활용함으로써, 우리는 용기와 투지를 가지고 삶의 도전을 헤쳐나갈 수가 있다.

우리가 역경에 직면하고 성공을 추구할 때, 우리 조상들의 이야기에서 자극을 받고, 유대인의 가르침에 인도를 받으며, 우리 공동체의 지원을 받기를 바란다. 우리는 이러한 원칙을 우리의 삶에 접목함으로써, 역경을 극복하고, 긍정적인 변화의 주체가 되어 우리 자신과 미래 세대를 위해 더 나은 세상을 만드는데 기여하는 것이다.

역경에서 목적의식 찾기

역경은 우리로 하여금 삶의 목적과 의미에 대하여 의문을 갖게 할 수 있다. 유대인의 전통은 미츠보트를 이행하고, 세상에 긍정적인 영향을 미치며, 사회의 개선에 기여하는 것의 중요성을 강조함으로써 우리에게 목적의식을 준다. 우리의 행동을 우리의 가치에 맞추고 다른 사람들에게 봉사하는데 집중함으로써, 우리는 역경에 직면하여 우리를 견뎌내게 하는 더 큰 목적의식을 발견하는 것이다.

제6절 역경 극복을 위한 도구

기도와 영적 연결

기도는 어려움을 겪을 때 위로와 힘과 인도하심을 얻는 강력한 도구이다. 기도로 하나님께 의지하는 것은 위로와 안심을 가져오는 영적인 연결을 확고히 한다. *아미다, *테힐림(시편), 개인기도 등과 같은 유대인의 기도는 우리가 가장 깊은 감정을 표현하고, 하나님의 도우심을 구하고, 역경 가운데 내적 평화를 찾을 수 있게 해준다.

* 아미다(Amidah): 하루 3회(아침, 오후, 밤)의 기도 시간에 일어서서 드리는 기도이다.

* 테힐림(Tehillim): 시편의 히브리어 명칭으로 '찬양의 노래들'이라는 뜻이다.

우리는 기도를 통해 우리의 연약함을 인정하고, 더 높으신 분의 능력을 신뢰하는 것이다. 우리는 우리의 어려운 싸움에서 혼자가 아니라, 더 훌륭한 계획이 펼쳐지고 있다는 것을 알고 있다. 기도는 우리에게 의뢰심을 주어 걱정과 부담을 내려놓고 하나님 앞에서 위안을 얻게 해준다.

개인기도 외에도 공동 기도는 역경을 극복하는 데 중요한 역할을 한다. 도전에 직면한 동지들의 공동체에 가담하는 것은 일체감과 공동의 목적을 만들어 낸다. 회당 예배, 기도모임 또는 성경 공부 동아리에 참가함으로써 기도를 집단적으로 드리는 데 도움이 되는 환경을 조성하고, 공동체의 힘이 위안과 격려의 원천이 되는 것이다.

공부와 성찰

유대인의 경전을 공부하고 성찰을 하는 것은 역경을 헤쳐나갈 수 있는 지혜와 통찰력을 준다. 토라 공부는 우리에게 영감과 힘을 줄 수 있는 지침과 도덕적 가르침과 회복력에 대한 이야기를 제공해 준다. 우리 조상들의 이야기를 조사함으로써 그들의 인생 여정에서 위안을 얻고, 역경을 극복하는 그들의 사례로부터 힘을 얻어낸다. 묵상과 성찰을 통해 우리는 명확성을 얻고, 이해를 깊게 하며, 역경 속에서 제기되는 실존적 의문에 답을 얻는다.

토라, 탈무드, 그리고 다양한 해설서 등 유대인의 경전은 인간의 경험을 이해하는 틀을 제공해 주고, 도전을 헤쳐나가는 데 필요한 실제적인 조언을 준다. 이러한 경전들은 신앙의 힘과 회복력과 정의 추구에 관하여 가르쳐준다. 이러한 가르침을 공부하고 성찰함으로써 우리는 우리 자신과 주위 세상에 대하여 더 깊은 이해를 할 수 있다.

성찰은 학습 과정의 필수적인 측면이다. 내적 성찰을 하고, 역경에 대한 우리의 반응을 평가하고, 우리의 경험으로부터 배우는 시간을 갖는 것은 회복력과 적응력을 개발하는 데 도움이 된다. 일기 쓰기, 자기 성찰, 멘토로부터 지침 구하기 등을 통해 우리의 역경 극복 방법을 알려주는 소중한 통찰을 얻을 수 있다.

공동체의 지원

유대인 공동체는 역경 가운데 힘과 지원과 격려의 원천이다. 공동체와 연결함으로써 우리는 경험을 공유하여 위로를 받고, 실제적인 도움을 받고, 다른 사람들의 지혜와 공감의 혜택을 받는다. 공동 활동에 참가하고, 회당 예배에 참석하고, 공동체 내에서 친절한 행동을 함으로써 우리가 함께 역경을 극복하는 것을 돕는 지원 체계를 만들어 낸다.

유대인 공동체 내에는 어려움을 겪을 때 돕기 위한 명시적인 전담 지원 네트워크와 조직이 있는 경우가 있다. 여기에는 다양한 형태의 역경을 겪는 개개인 및 가정들을 위해 재정 지원, 상담 서비스 또는 물자를 제공하는 조직이 포함될 수 있다. 이러한 조직에 연락을 취함으로써, 우리는 필요한 도움을 얻을 수 있으며, 우리가 싸우는 가운데 혼자가 아니라는 것을 알고 위안을 얻을 수 있다.

또한, 세상을 고치는 유대인의 '티쿤 올람' 개념은 다른 사람들을 지원하고 희망을 줄 책임을 일깨워 준다. 우리는 '헤세드'(친절)에 참여함으로써 공동체의 복지에 기여하고, 상호 지원 네트워크를 만들어 낸다. 역경에 직면한 다른 사람들에게 도움의 손길을 내밀어 주는 것은 공동체를 강화하고 우리의 회복력과 긍휼 역량을 일깨워 준다.

정서적 웰빙 함양

정서적 웰빙은 역경을 헤쳐나가는 데 필수적이다. 유대인의 가르침은 자기 관리, 연민, 전문가의 도움 구하기 등의 중요성을 강조한다. 운동, 묵상, 예술과 자연에 심취하기 등 정신적, 정서적 웰빙을 촉진하는 활동에 참여하는 것은 역경 가운데 우리의 감정을 처리하고, 스트레스를 줄이며, 회복력을 유지할 수 있게 한다.

안식일과 명절 같은 유대인의 전통과 관습은 휴식과 성찰과 원기 회복의 기회를 준다. 이러한 의식(儀式)을 지키는 것은 우리를 일상생활의 어려움으로부터 분리하여 내적 자아 및 우리를 인도하는 가치와 다시 연결되게 해준다. 우리는 자기 관리에 몰두하는 시간을 따로 확보함으로써 우리의 감정적 여유를 보충하고 전반적인 웰빙을 함양한다.

또 전문가의 도움을 구하는 것은 힘이 있고, 자기 인식을 하고 있다는 징표이다. 정신 건강 전문가, 상담사, 치료사 등은 힘든 감정을 처리하고, 스트레스를 관리하고, 회복력을 키우기 위한 지침과 도구와 전략을 제공해 줄 수 있다. 이러한 전문가들의 도움을 구하는 것은 정서적 웰빙을 우선하고, 우리가 역경을 극복하는 데 필요한 자원을 갖도록 하는 데 필수적이다.

역경을 극복하려면 정신력과 신앙과 실제적인 도구가 필요하다. 우리는 유대교의 풍부한 전통과 가르침을 이용하여, 어려움을 겪을 때 우리를 인도하는 자원의 원천을 찾아낸다. 우리는 기도와 영적인 연결, 공부와 성찰, 공동체의 지원, 정서적 웰빙 함양 등을 통해 역경을 극복하는 데 필요한 회복력과 인내력을 개발한다.

우리가 역경에 맞서고 성공을 추구할 때, 조상들의 이야기에서 자극을 받고, 유대인의 가르침에 인도를 받으며, 공동체의 지원을 받기를 바란다. 이러한 원칙을 우리의 삶에 접목함으로써 우리는 역경을 극복하고, 긍정적인 변화의 주체가 되어, 우리 자신과 미래 세대를 위해 더 좋은 세상을 만드는 데 기여하는 것이다.

역경을 극복하는 것은 힘과 회복력, 그리고 유대인 전통과의 연계가 필요한 여정이다. 유대 민족의 복원력을 받아들이고, 믿음과 소망에서 격려를 받고, 유대인 경전의 지혜로부터 배우고, 도전을 헤쳐나가기 위한 실제적인 도구를 활용함으로써, 우리는 성공을 추구하는 데 더 확고하고 더 단호해질 수 있다.

유대인 유산의 가르침과 경험이 역경에 직면할 때 우리를 인도하고, 공동체에서 힘을 얻고, 지혜와 믿음의 원천을 이용하게 하기를 바란다. 회복의 정신을 구현함으로써, 개인적 도전을 극복하고, 다른 사람들이 견뎌내고, 모두를 위해 더 밝은 미래를 만들도록 고무해 준다.

성공 추구는 흔히 도전과 좌절과 장애물 투성이라고 할 수 있다. 그러나 진정한 성공을 달성하기 위해서는 개개인이 이러한 도전을 극복하고, 계속 목표에 집중하는 데 도움이 될 수 있는 인내심과 회복력을 길러야 한다.

유대인의 전통은 역경 속에서 인내력과 회복력을 키우는 것에 대해 소중한 통찰과 지침을 준다. 한 가지 중요한 가르침은 '비타혼'의 개념 즉 '하나님에 대한 신뢰'이다. 하나님을 신뢰하고, 인류의 궁극적인 선함에 대한 신뢰를 가짐으로써, 개개인은 도전에 직면할 때 견뎌낼 힘과 용기를 얻을 수 있다.

또한 유대인의 전통은 과거의 경험으로부터 배우고, 이를 성장과 자기 개선의 기회로 활용하는 것이 중요함을 가르쳐준다. 좌절이나 실패에 직면했을 때, 개개인은 이러한 경험을 활용하여 자신의 강점과 약점을 성찰하고, 개선 및 발전시킬 영역을 확인할 수 있다.

뿐만 아니라, 유대인의 전통은 회복력과 인내력을 함양하는데, 공동체와 지원의 중요성을 강조하고 있다. 가족들과 친구들과 공동체 지원을 통해 개개인은 도전을 극복하고, 계속 목표에 집중하도록 힘과 격려를 얻을 수 있다.

다음 절에서 우리는 하나님에 대한 믿음과 신뢰, 실패로부터 배우는 힘, 공동체와 지원의 중요성 등 유대인의 전통에서 인내와 회복력에 대한 몇 가지 필수적인 가르침과 관습을 탐구할 것이다. 유대인 전통의 지혜에서 배움으로써 개개인은 도전을 극복하고 진정한 성공을 이루는 데 필요한 회복력과 인내심을 함양할 수 있다.

제7절 역경에서 의미 찾기

고생(苦生)의 목적

역경은 흔히 고생의 목적에 대하여 실존적인 의문을 제기한다. 유대인의 전통에서 고생은 성장과 영적 단련의 기회로 여겨진다. 도전과 어려움은 개인적인 변화를 촉진하여 회복력, 공감, 그리고 우리 자신과 다른 사람들에 대한 더 깊은 이해를 개발한다고 믿어진다.

역경을 '개인적 성장을 위한 초대'로 재구성하는 것은 우리의 힘든 싸움에서 의미와 목적을 찾을 수 있게 한다. 유대인의 가르침에서 배운 내적 성찰, 기도, 인도하심 구하기 등을 통해 우리는 고통스러운 난제들을 풀어나가고, 우리의 성품을 형성하는 소중한 교훈을 알아내며, 하나님과의 관계를 강화할 수 있다.

하나님에 대한 믿음과 신뢰

역경을 겪을 때, 하나님에 대한 믿음과 신뢰는 힘과 소망의 토대가 되어줄 수 있다. 유대인의 전통은 우리의 힘든 싸움에도 불구하고 하나님께서는 임재하고 계시고 위안과 인도와 개입을 해주신다고 가르친다. 우리는 하나님의 지혜와 자비하심을 신뢰함으로써, 의뢰심을 기르고, 우리가 도전을 받는 중에 혼자가 아니라는 것을 알고 위로를 받는다.

하나님에 대한 신뢰를 증진하려면 지속적인 영적 실천과 성찰이 필요하다. 기도를 하고, 유대인의 성경을 공부하고, 지혜로운 멘토나 영적 지도자로부터 인도를 구하는 것은, 우리의 믿음을 깊게 하고, 하나님께서 도우신다는 생각으로 역경을 헤쳐나가는 데 도움이 된다.

역경을 목적으로 변환시키기

역경은 우리의 목적의식을 자극하고, 세상에 긍정적인 영향을 미치도록 동기 부여를 할 수 있다. 우리는 힘든 싸움을 통해 공감, 연민, 그리고 다른 사람들이 직면한 고통과 어려움에 대한 특별한 이해를 증진시킨다. 이 강화된 인식은 우리가 행동을 취하고, 정의를 옹호하며, 사회 발전에 기여하도록 자극할 수 있다.

유대인의 전통은 세상을 고치는 '티쿤 올람'과 사회 정의를 위한 행동을 추구하는 것이 중요함을 강조한다. 우리는 역경에서 배운 교훈을 활용함으로써, 변화의 주체가 되어 보다 공정하고 인정 많은 사회를 만들어 내기 위해 일할 수 있다. 친절한 행동, 옹호, 공동 참여 등을 통해 우리는 역경을 긍정적인 변화를 위한 원동력으로 변환시킨다.

소망과 회복력 유지하기

역경에 직면할 때는 소망과 회복력을 유지하는 것이 매우 중요하다. 유대인의 전통은 지극히 암울한 시기에도 소망을 가지고 매달리라고 가르친다. 우리는 낙관적인 생각을 키우고, 배운 교훈에 집중하고, 신앙에서 힘을 얻어 어려운 상황 내내 안정을 유지하고 견뎌낼 수 있는 것이다.

유대인 공동체 내의 확고한 지원 체계와 소속감에 의해 소망이 길러진다. 우리의 가치와 경험을 공유하는 다른 사람들과 연계하는 것은 격려와 연대와 소망의 원천이 된다. 우리가 공동체에 의지하고, 사랑하는 사람들로부터 도움을 구하고, 친절한 행동을 함으로써, 회복력을 기르고 소망을 키우는 환경을 조성하는 것이다.

역경을 극복하는 것은 매우 개인적인 변화의 여정이다. 그러나 도전에 직면할 때, 유대인의 전통은 힘과 목적과 의미를 찾는 데 도움이 되는 지침과 지혜와 습관을 제공해 준다. 고생의 목적을 받아들이고, 하나님을 신뢰하고, 역경을 동력으로 바꾸고, 소망과 회복력을 유지함으로써, 우리는 용기와 투지를 가지고 삶의 난관을 헤쳐나간다.

유대교의 가르침과 전통이 은혜로 역경에 맞서며, 신앙에서 힘을 얻고, 도전을 성장과 영향력의 기회로 변환시키도록 우리를 자극해 주기 바란다. 우리는 우리 자신의 이야기의 실을 유대인의 전통이라는 태피스트리에 함께 짜 넣어, 역경을 극복할 뿐만 아니라, 유대 민족이 써가고 있는 이야기에 보탬이 됨으로써 미래 세대를 위해 회복력과 승리의 영원한 유산을 남기는 것이다.

제9장

성공 축하하기:
유대인의 삶에서 성취 인정하기

유대교에서는, 많은 의식(儀式)과 전통이 성공과 성취를 축하한다. 이 장에서는 이러한 몇몇 의식과 그들이 성취감과 감사에 어떻게 이바지할 수 있는지 탐구할 수 있을 것이다.

제1절 축하의 중요성

업적 인정하기

성공을 축하하는 것은 유대인의 삶에서 필수적인 부분이다. 이는 우리에게 있는 업적, 기념할 일, 축복을 인정해 주고 기리는 방식이다. 축하하는 시간을 가짐으로써 우리는 감사함을 표현하고, 노력을 인정하며, 다른 사람들이 자신의 목표를 달성하도록 자극을 준다.

유대교는 우리 삶의 좋은 일을 인정하고 높이 평가하는 것의 가치를 강조한다. 개인적 업적이든, 직업적 성취든, 영적 성장이든, 성공을 축하하는 것은 우리가 받은 축복에 대해 잠시 멈추어 생각하고 감사할 수 있게 해준다.

동기와 인내심 고취하기

성공을 축하하는 것은 강력한 동기 부여가 되고, 격려의 원천이 된다. 이는 우리의 역량과 힘과 잠재력을 일깨워 준다. 우리의 업적을 축하할 때 자신감을 얻고 목적의식이 새로워진다. 우리는 탁월해지도록 계속 노력하고, 미래의 도전을 극복하려는 동기를 갖게 된다.

성공을 공개적으로 인정해 주고 축하함으로써 다른 사람들이 자신의 꿈과 목표를 추구하도록 자극을 준다. 축하 행사는 유대인 공동체 내에서 집단적 동기 부여와 격려의 촉매가 된다. 업적을 인정하고, 축하하며, 다른 사람들에게 자극을 주는 원천으로 여기는 환경을 조성하는 것이다.

정체성과 공동체 강화하기

성공을 축하하는 것은 유대인의 정체성을 강화하고 공동체 내에서 소속감을 키워준다. 공동 축하 행사를 통해 우리는 함께 모여 서로 칭찬하고 응원해 준다. 우리는 개인의 업적을 축하하고 집단적 성취의 기쁨을 함께 나누는 지원 네트워크를 조성한다.

유대인의 전통과 의식(儀式)은 성공을 축하하기 위한 틀을 제공한다. 안식일 촛불을 켜거나, 축복문을 낭송하거나, 축제 잔치를 하는 등 이러한 관습은 축하 행사에 정신적인 의미를 불어넣고 유대인 유산과의 연계를 심화한다.

제2절 축하의 의식과 전통

남녀 성인식

*남녀 성인식은 성년으로의 전환을 상징하고, 자신의 행동에 대한 책임과 유대인의 정체성을 받아들이는 것으로, 유대인의 삶에서 특별한 의미가 있는 기념일이다. 이 성년 축하 행사는 수년간의 공부와 *성인식 준비를 인정해 주는

기회로, 토라의 한 부분을 사람들 앞에서 낭독하고, 공동체를 기도로 인도하며 절정에 달한다.

* 남녀 성인식(Bar/Bat Mitzvah): '율법(미츠바)의 아들/딸'이라는 뜻으로, 만13/12세가 되면 율법을 지킬 책임을 스스로 지게 되며, 부모는 그 책임을 면하게 되는 기쁜 날이다.

* 성인식 준비: 성인식 때는 토라를 낭독하고, 율법 중 한 가지를 설교해야 하기 때문에 어릴 때부터 히브리어로 토라와 탈무드를 공부한다.

성인식 축하 행사에는 일반적으로 가족 및 친구들과 함께하는 의미 있는 의식과 기념 연회가 포함된다. 이때는 젊은 이들의 공부에 대한 헌신, 유대인의 가치에 대한 의지, 세상에 긍정적인 영향을 미칠 수 있는 잠재력을 인정받고 축하받는 때이다.

유대인의 결혼식

결혼식은 유대인의 전통에서 깊은 의미를 지닌 경사이다. 사람들은 두 사람의 결합과 새로운 가족의 탄생을 축하한다. 또한 유대인의 결혼식은 *케투바(결혼서약서) 서명, 반지 교환, *유리컵 깨기 등의 아름다운 의식이 특징이다.

* 케투바(Ketubah): 신랑이 결혼식 때 낭독하는 결혼서약서로 아내의 권위와 재산권을 보호하기 위한 증서이다.

* 유리컵 깨기: 깨어진 유리컵을 원상 복구할 수 없듯이 결혼도 되돌릴 수 없다는 의미

결혼식 축하 행사는 음악과 춤과 진심 어린 축복으로 가득 찬다. 가족들과 친구들과 공동체가 함께 모여 부부의 사랑과 혼약(婚約)을 기뻐한다. 유대 문화에서 결혼 축하 행사는 강력하고 다정한 관계를 구축하고, 가족과 공동체의 유대관계를 기르는 것이 중요하다는 증거이다.

축제와 명절

유대인의 축제와 명절은 일 년 내내 축하 행사를 하는 많은 기회를 제공한다. 각 명절에는 공동체에 기쁨과 감사와 회복을 가져오는 독특한 관습과 의식이 있다.

예를 들어, 하누카(Hanukkah/수전절)는 성전 *기름의 기적을 기념하는 빛의 축제이다. 가족이 함께 모여 *메노라에 불을 붙이고, 노래를 부르고, *드레이델 놀이를 하고, 라케(Latkes/감자전)와 수프가니요트(Sufganiyot/도넛) 같

은 기름진 전통 음식을 즐기는 등 기쁨이 넘치는 축하 행사이다.

* 기름의 기적: 기원전 2세기 헬라인에게서 성전을 되찾고 우상을 철거한 후 영원히 켜져 있어야 하는 메노라에 하루분의 기름밖에 없었는데, 8일 동안 불이 꺼지지 않는 기적이 일어나 7일 동안의 정제 과정이 필요한 메노라용 기름을 준비할 수 있었다.

* 메노라(Menorah): 7개로 갈라진 성전용 큰 촛대. 수전절에는 9개로 갈라진 촛대를 사용하는데, 8일 동안의 기적과 다른 촛불을 밝히는 여분의 '종의 빛'을 상징한다.

* 드레이델(Dreidel): 사면에 '거기서 큰 기적이 일어났다'라는 히브리어 문자가 새겨진 팽이

이집트 탈출을 기념하는 유월절은 명절 식사인 *세데르가 특징이며, 해방 이야기를 다시 들려주고, 명절의 상징적인 음식을 함께 나눈다.

* 세데르(Seder): 유월절 만찬으로 양고기의 정강이뼈, 구운 달걀, 쓴 나물, 파슬리(야채), 소금물, 하로셋(양념장), 마짜(무교병), 포도주 등 상징적인 음식이 준비된다.

퓨림(Purim/부림절)은 유대인 공동체가 악인(惡人) 하만을 물리친 에스더 왕비의 승리를 축하하는 기쁨이 넘치는 명절이다. 변장한 옷을 입고, 선물을 주며, 축제 음식을 즐기는

등 웃고 즐기는 시간이다.

이러한 축제와 명절은 중요한 역사적 사건을 기념하면서, 감사를 표현하고, 결속을 다지며, 유대인의 전통에서 기쁨을 얻는 기회를 제공해 준다.

제3절 개인적, 직업적 성취

학업의 성취

교육 및 지적 추구는 유대인의 전통에서 큰 가치를 지닌다. 그러므로 학업의 성취는 흔히 자랑스럽고 기쁜 일로 축하를 받는다. 학위를 취득하든, 우등상을 받든, 자신의 교육 여정에서 의미 있는 기념할 일을 성취하든, 이러한 성과는 유대인 공동체 내에서 인정을 받고 축하를 받는다.

장학금 제도 및 시상식과 집회는 학업 성취를 기리고, 모든 연령층 사람들 간에 공부에 대한 애정을 자극할 수 있는 장(場)을 제공해 준다.

직업적 이정표

직업상의 업적과 직업적으로 이정표가 되는 일도 유대인의 삶에서 축하를 받는 일이다. 새로운 사업을 시작하거나, 승진을 하거나, 자신의 분야에서 큰 기여를 하거나, 이러한 성취는 유대인 공동체 내에서 인정을 받고 축하를 받는다.

전문 단체, *네트워킹 행사, 집회 등은 자신의 직업에서 탁월하고 사회에 긍정적인 영향을 미친 사람들을 인정해 주고 기리는 기회를 준다.

* 네트워킹 행사(Networking Event): 특정 전문 분야나 공통 관심사에 관한 정보를 교환하거나, 직업적, 사회적 인맥을 개발하기 위해 관련자들이 모이는 행사

자선적 기부

관대함과 체다카(Tzedakah/자선적 기부) 행동은 유대인의 가치에 깊이 뿌리를 두고 있다. 개개인이 자선 운동이나 공동체 사업에 커다란 자선적 기부를 할 때, 그들의 업적은 세상을 변화시키는 헌신의 증거로 칭송을 받는다.

이 사람들은 전달 행사, 모금 행사, 회당이나 공동체 발간

물의 감사문 등에 의해, 그들의 자선 활동에 대해 칭송과 인정을 받는다.

성공을 축하하는 것은 유대인의 삶에서 필수적인 부분이다. 우리의 성취를 인정하고 축하함으로써 우리는 감사함을 기르고, 동기 부여를 받으며, 정체성과 공동체 의식을 강화한다. 우리는 의식(儀式)과 전통과 집회를 통해 개인적, 집단적 성취를 기리고, 지원하고 격려하고 고무해 주는 문화를 육성한다.

우리가 유대인 공동체 내에서 성공을 축하하고, 서로를 고양하며, 우리에게 찾아오는 축복과 성취에서 기쁨을 찾기를 바란다. 축하하는 관습을 받아들임으로써 성취를 축하하고, *위대함을 고취하며, 미래 세대에게 소속감과 자부심을 키워주는 활기차고 번창하는 유대인 공동체를 만들어 내는 것이다.

* 위대함 고취(Inspire greatness): 자신감을 불러일으켜 잠재력을 최대한 발휘하게 도와줌

제4절 영적 성장과 개인적 발전

영적 이정표

유대인의 전통에서는 영적 성장과 개인적 발전을 매우 중요하게 여긴다. 그러므로 유대교 경전에 대한 지식을 깊게 하거나, 친절한 행동을 하거나, 기도와 묵상의 삶을 받아들이는 등 자신의 영적 여정에 대한 헌신을 보여주는 사람들은 공동체 내에서 축하를 받고 존경을 받는다.

강연, 워크숍, 스터디그룹과 같은 공동 행사는 영적 성장에서 상당한 진전을 이룬 사람들을 인정하는 토대를 제공해준다. 이러한 기념행사는 개인적인 성취를 인정하고, 다른 사람들이 자아 발견과 하나님과의 연결을 위한 여정에 착수하도록 자극을 준다.

공동체 참여

유대인 공동체에 적극적으로 참여하는 것은 성공과 헌신의 표시로 간주된다. 자기의 시간과 기술과 자원을 공동체 조직, 회당 또는 자선 활동에 바치는 사람들은 유대인 공동체와 사회의 발전에 기여한 것으로 축하를 받는다.

공동체 표창 행사, 자원봉사자 감사 모임 및 시상식은 이 사람들의 업적을 돋보이게 하여, 공동체 참여의 중요성과 그것이 유대인의 삶에 미치는 긍정적인 영향을 명백히 보여준다.

개인적 변화

유대인의 전통은 개인적 변화와 자기 계발의 여정을 찬양한다. 남다른 도전을 극복하거나, 새로 찾은 정체성을 받아들이거나, 치유와 자아 발견의 길을 시작하는 등. 현저한 개인적 성장을 경험한 사람들은 회복력과 용기와 투지로 인해 존경을 받는다.

간증 행사, 스토리텔링 모임 또는 공개적인 감사의 말 등은 개개인이 자신의 변화 여정을 공동체와 공유할 수 있게 해준다. 이러한 행사는 다른 사람들에게 자극을 주고, 유대인 공동체 내에서 공감과 이해와 지원의 문화를 조성한다.

제5절 혁신과 기업가 정신

유대인의 삶에서의 혁신

유대인의 전통은 언제나 혁신과 창의적 사고를 받아들여왔다. 오늘날의 급변하는 세상에서 유대인의 삶에 혁신적인 아이디어, 기술 및 접근 방식을 가져오는 사람들은 유대인의 문화와 교육과 공동체 참여를 발전시키고 유지하는 데 기여한 것으로 칭송을 받는다.

혁신 공개 행사, *피칭 경진대회, 유대인의 기업가 정신에 초점을 맞춘 학회 등은 유대인의 삶에 긍정적인 영향을 미치는 획기적인 사업, 기획안 또는 연구 과제를 창안한 개인을 인정해주고 축하하는 장을 제공해 준다.

* 피칭(Pitching): 상품을 홍보하거나 투자를 유치할 목적으로 잠재적인 고객과 투자자들 앞에서 회사, 제품, 아이디어 등을 설명하는 것

사업적 성공

기업가 정신은 많은 사람이 벤처 사업과 창업을 추구하면

서 유대인의 삶에서 중요한 역할을 하고 있다. 번창하는 사업체를 설립하고, 일자리를 창출하고, 상당한 경제적 기여를 한 성공적인 기업가는 유대인 공동체 내에서 칭송을 받는다.

비즈니스 시상식, 네트워킹 행사 또는 멘토링 프로그램은 이러한 사람들을 인정하고 존경해 주어 기업가 정신의 문화를 육성하고 미래 세대가 사업적 노력을 추구하도록 자극을 준다.

유대인의 삶에서 성공을 축하하는 것은 많은 업적, 기념할 일, 공헌 등을 망라한다. 개인적, 직업적, 정신적, 기업가적 성취를 인정해 주고 존중함으로써 우리는 정체성을 강화하고, 지원과 격려의 문화를 육성하며, 미래 세대가 위대함에 도달하려고 애쓰도록 고취한다.

의식(儀式)과 집회, 그리고 개개인의 성취를 인정해 주는 것을 통해 우리는 모든 형태의 성공을 소중히 여기고 축하해 주는 환경을 조성한다. 그리하여 유대인 공동체 내에서 개개인의 성취를 앞으로도 계속 고양하고 축하하여, 지원하고 격려하고 자극해 주는 문화를 육성하기를 바란다.

제6절 예술적, 문화적 기여

시각 예술

유대인 공동체는 회화, 조각, 사진, 혼합 매체 등 다양한 매체에 걸쳐 풍부한 예술 표현의 역사를 가지고 있다. 유대인 공동체의 문화, 예술 경관에 기여하는 예술가들은 그들의 창의적인 상상력과 함께 감성을 불러일으키고, 이야기를 들려주며, 작품을 통해 유대인의 주제와 정체성을 분석하는 능력으로 칭송을 받는다.

미술 전시회, 갤러리 오픈, 문화 축제 등은 이들 예술가들이 자신의 작품을 선보이고 공동체 내에서 인정받는 장을 제공한다. 이러한 축하 행사는 개인의 예술적 성취를 돋보이게 할 뿐만 아니라, 유대인의 삶에서 예술의 역할에 대해 더 깊은 이해를 하도록 조장한다.

문학 작품

유대인의 문학은 문단에 상당한 공헌을 하였으며, 수많은 유대인 작가와 시인들이 그들의 작품으로 국제적인 인정을 받았다. 소설이든 논픽션이든 시(詩)든 회고록이든, 그들의 학문적 성취는 유대인의 경험을 포착하고, 유대인의 가치를 탐구하며, 중요한 사회적, 역사적 주제를 밝히는 능력으로 칭송을 받는다.

책 출간, 작가 낭독회, 문학 축제 등은 유대인 작가와 그들의 학문적 성취를 기리고 인정하는 기회이다. 또한 이러한 축하 행사는 유대인 공동체 내에 대화와 지적인 교제와 다양한 관점의 공유를 위한 공간을 만들어 낸다.

공연 예술

음악, 연극, 춤 등은 오랫동안 유대인 문화 표현에 필수적인 요소였다. 공연 예술에서 뛰어나고 자신의 재능과 창의성을 통해 유대인의 문화적 삶에 활력을 주는 데 기여하는 사람들은 영감을 주고 즐겁게 하며 관중을 끌어들이는 능력으로 칭송을 받는다.

콘서트, 연극 제작, 댄스 공연은 공연자들이 자신의 기술을 선보이고 유대인 공동체 내에서 인정받을 수 있는 장을 제공한다. 이러한 축하 행사는 개인적 성취를 기리며, 기쁨을 주고 생각을 하게 하는 예술적 경험을 통해 공동체를 단합하게 한다.

제7절 매일의 성공 인정해 주기

작은 승리 축하하기

중요한 성취를 인정해 주는 것 외에도 매일의 성공을 축하하는 것도 마찬가지로 필수적이다. 그러므로 유대교는 작은 승리가 개인의 성장, 인내, 전반적인 복지에 기여할 때는 그것을 인정해 주고 축하하도록 권장한다.

가족, 학교, 공동체 조직 내에서 개개인의 소소한 기념할일, 성취, 노력을 알아주고 축하하는 문화를 조성하는 것이 필수적이다. 이에는 학문적 성취, 개인적 약진, 친절한 행동, 개인적 승리의 순간이 포함될 수 있다.

감사와 고마움

성공 축하하기의 핵심적 측면은 감사함과 고마움을 함양

하는 것이다. 우리에게 찾아온 축복과 기회에 대해 감사를 표하는 것은 우리의 성취감과 기쁨을 크게 해준다. 또 감사를 통해, 우리는 우리의 성취가 다른 사람의 지원, 지도, 기여와 상호 연결되어 있음을 인정하는 것이다.

식사 전에 기도하기, 멘토나 롤모델에게 감사 표하기, 친절한 행동에 참여하기 등의 관습은 감사와 고마움이 일상생활과 한데 엮이게 할 수 있는 방법이다.

유대인의 삶에서 성공 축하하기는 넓은 범위의 성취, 공헌, 기념할 일 등을 아우르는 것이다. 영성, 공동체 참여, 개인적 성장, 혁신, 기업가 정신, 예술 및 문화, 일상의 승리 등에서의 성취를 인정해 주고 존중함으로써, 우리는 유대인 공동체 내에서 지원하고 격려하고 자극해 주는 문화를 육성하는 것이다.

우리가 계속해서 성공을 축하하고, 개개인의 다양한 성취를 인정해 주어 고양하고 격려하며 위대함을 고취하는 환경을 조성하기를 바란다. 성공을 소중히 여기고 축하함으로써 우리는 유대인의 삶의 구조를 강화하고 자부심과 소속감을 키우며, 미래 세대가 최대한 잠재력을 발휘하도록 고취한다.

제8절 사회 정의와 행동주의

옹호와 행동주의

유대교는 사회 정의와 보다 공평한 세상 추구를 강하게 강조한다. 따라서 소외된 사람들의 권리와 복지를 옹호하고, 불의에 맞서 싸우며, 사회 변화를 촉진하는 데 자신의 시간과 에너지와 자원을 바치는 사람들은 티쿤 올람에 대한 헌신으로 칭송을 받는다.

표창 행사, 감사문 공지, 시상식은 유대인 공동체 내에서 이들 개개인의 공적을 기리고 돋보이게 하는 장을 제공한다. 그들의 노력을 칭송함으로써 다른 사람들이 긍정적인 변화의 주체가 되도록 자극하고, 유대인의 삶에서 사회 정의의 중요성을 강화한다.

인도주의적 노력

인도주의 활동과 친절한 행동은 유대인의 가치에서 중심이 된다. 자원봉사, 자선 활동, 국제 구호 활동 등을 통해 인도주의 운동에 헌신하는 사람들은 그들의 긍휼, 공감, 타인의 삶을 변화시키려는 의지 등으로 인정을 받고 칭송을 받는다.

공동체 봉사상, 인도주의 토론회, 자선 행사 등은 이들 개개인을 기리고 그들의 활동이 미친 영향을 선보이는 기회를 제공한다. 그들의 업적을 칭송함으로써 우리는 다른 사람들이 친절한 행동에 참여하고 사회 개선에 기여하도록 자극을 준다.

제9절 종교 간, 공동체 간의 관계

종교 간의 대화와 협력

갈수록 더 상호 연결되는 세상에서 이해와 협력과 평화로운 공존을 촉진하려면 다른 신앙 공동체 간의 가교를 구축하는 것이 매우 중요하다. 종교 간 대화에 적극적으로 참여하고, 종교적 관용을 장려하며, 다양한 공동체 간의 조화로운 관계 구축을 위해 활동하는 사람들은 단합을 촉진하고, 더욱 통합된 사회를 만들어 내기 위해 헌신한 것에 대해 칭송을 받는다.

종교 간 회의, 대화, 공동 프로젝트 등은 종교 간 이해와 협력에 크게 기여한 사람들을 인정하고 기리는 장을 제공한다. 이러한 축하 행사는 다양성을 포용하고, 상호 존중과 이해에 기반을 둔 세상을 만들기 위해 일하는 것의 중요성을 강화한다.

공동체 구축과 협력

유대인의 성공은 오로지 유대인 공동체 내에서의 성취에만 국한되지 않는다. 종교적, 문화적 배경에 상관없이 협력 사업에 적극적으로 참여하고, 연합체를 구축하고, 더 강한 공동체를 만들기 위해 일하는 사람들은 단합을 촉진하고 더욱 응집력 있는 사회를 만들기 위해 노력한 것에 대하여 칭송을 받는다.

공동체 구축 행사, 동반자 포럼, 공동 프로젝트 등은 통합되고 조화로운 공동체를 만들어 내는 데 중추적인 역할을 한 사람들을 인정하고 기리는 기회를 제공한다. 그들의 업적을 칭송함으로써, 다른 사람들이 문화 간 협력에 참여하고, 사회 조직을 강화하도록 권장한다.

유대인의 삶에서 성공을 축하하는 것은 개인적 성취를 넘어 그들이 공동체와 사회와 세상에 더 넓은 영향을 끼치는 것까지 아우르는 것이다. 사회 정의, 행동주의, 인도주의 활동, 종교 간 관계, 공동체 구축 등 영역에서의 업적을 기리고 인정해 줌으로써, 우리는 유대 문화의 가치를 강화하고, 다른 사람들이 긍정적인 영향을 미칠 수 있도록 자극을 준다.

우리가 유대인 공동체 내에서 개개인의 다양한 성취를 계속 축하하여, 지원하고 격려하고 자극해 주는 문화를 기르기 바란다. 성공을 인정하고 축하함으로써, 우리는 공동체의 유대관계를 강화하고, 위대함을 고취하며, 공정과 긍휼과 단합에 기반을 둔 세상을 만드는 데 기여하는 것이다.

제10절 유산과 자선 활동

영속적 유산 쌓기

유대인의 전통에서는 '세대에서 세대로(L'dor V'dor)'라는 개념에 크게 중요성을 두어, 가치와 관습과 업적을 한 세대에서 다음 세대로 물려준다. 자선 활동, 교육 시설 지원, 문화 사업 또는 공동체 개발 프로젝트 등을 통해 영속적인 유산을 만들어 낸 사람들은 유대인 공동체의 활기차고 지속 가능한 미래를 보장하는 헌신을 한 것에 대하여 칭송을 받는다.

유산 인정 행사, 명명식, 기념 프로그램 등은 영속적인 유산을 쌓는 데 크게 공헌한 사람들을 기리고 칭송하는 장을 제공해 준다. 그들의 영향을 인정함으로써 우리는 미래 세대가 사회에 환원하고 변화를 만드는 전통을 이어가도록 자극해 준다.

자선 활동 및 환원

자선 활동은 체다카(자선 기부)와 게미루트 차사딤(자애로운 행동)의 원칙에 뿌리를 둔 유대인 삶의 중심적 측면이다. 재정적 기부나 자원봉사 활동이나 자선 단체 지원 등을 통해 자선 활동에 대한 헌신을 보여주는 사람들은 다른 사람의 삶을 개선하기 위한 헌신과 관대함에 대하여 칭송을 받는다.

자선 활동 표창 행사, 기부 감사 프로그램, 모금 행사 등은 자선 활동으로 큰 영향력을 발휘한 사람들을 기리고 인정해 주는 기회를 제공한다. 그들의 공헌을 칭송함으로써, 다른 사람들이 기부 정신을 받아들이고, 유대인 공동체 내에 관대함의 문화를 조성하도록 자극을 준다.

제11절 개인적으로 기념할 일 축하하기

생애주기 축하 행사

유대인의 전통은 출생, 남녀 성인식, 결혼식, 기념일 등 다양한 생애주기 이정표들을 아우르고 있다. 이러한 이정표들은 개인의 삶에서 의미 있는 순간을 표시하며, 기쁨과 감사와 공동체 의식으로 축하를 받는다.

가족 모임, 회당 예식, 공동 축하 행사 등은 개개인이 이러한 중요한 이정표에 도달할 때 그들을 기리고 인정하는 기회를 제공해 준다. 축하 행사에 함께 모임으로써, 가족과 공동체의 유대관계를 강화하고, 소속감을 기르며, 기쁨을 함께한다.

교육적 성취

교육은 유대인의 전통에서 매우 소중하며, 학위를 이수하거나, 장학금을 받거나, 우수한 성적을 거두는 등 학문적 이정표를 달성한 사람들은 공부와 지적 성장에 대한 헌신으로 칭송을 받는다.

학술상 시상식, 장학금 수여식, 졸업 축하 행사 등은 교육적 추구에서 탁월한 성과를 거둔 사람들을 기리고 인정해 주는 기회가 된다. 그들의 성취를 축하하는 것은 다른 사람들이 교육을 우선시하고, 일평생 공부를 사랑하도록 자극을 준다.

유대인의 삶에서 성공 축하하기는 많은 성취와 공헌과 기념할 일들을 아우르고 있다. 유산 쌓기, 자선 활동, 생애주기 기념, 교육적 성과와 같은 분야에서의 성취를 인정하고 기림으로써, 유대 문화의 가치를 강화하고, 다른 사람들이 위대함을 위해 노력하도록 자극을 준다.

집회, 표창 행사, 개인적 성취 감사 등을 통해 우리는 모든 형태의 성공을 소중히 여기고 축하해 주는 환경을 조성한다. 그리하여 우리는 유대인 공동체 내에서 개개인의 다양한 성취를 앞으로도 계속 고양하고 축하하여, 지원하고 격려하고 자극해 주는 문화를 육성하기를 바란다.

성공을 인정하고 축하함으로써 우리는 유대인의 삶의 구조를 강화하고, 자부심과 소속감을 키우며, 미래 세대가 잠재력을 최대한 발휘할 수 있도록 자극을 준다. 우리의 축하 행사가 유대 민족의 끈질긴 정신과 회복력의 증거가 되고, 앞으로 있을 뛰어난 성취를 상기시키는 일이 되기를 바란다.

제10장

유대인의 성공으로 가는 길: 위대함을 성취하기 위한 교훈과 관습

이 장에서는 유대인의 성공으로 가는 길을 더 깊이 파헤쳐 우리가 위대함을 달성하도록 인도할 수 있는 교훈과 관습을 탐구한다. 유대교는 우리의 여정에서 자극을 주고 힘을 실어줄 수 있는 풍부한 지혜와 가치와 의식(儀式)의 태피스트리를 제공한다. 이러한 가르침을 우리 삶에 적용함으로써 우리는 개인적, 직업적 성공에 기여하는 자질과 습관을 기를 수 있다.

교육과 평생 학습 수용하기

교육은 유대인의 전통에서 핵심이라고 할 수 있다. 유대인은 아이들이 어릴 때부터 토라와 다른 경전들을 엄격하게 공부하도록 장려한다. 지식을 추구하는 것은 세상에 대한 이해를 깊게 하고, 비판적 사고 능력을 강화하며, 영적 성장을 촉진하려는 평생에 걸친 노력이다. 성공을 성취하려면 정규 교육이나, 개인적인 공부나, 멘토와 학자의 지도를 구하거나 함으로써 끊임없이 학습에 전념을 해야 한다. 우리의 지식의 기반을 넓히는 것은, 도전을 헤쳐나가고, 정보에 기반한 결정을 내리고, 기회를 포착하기 위한 도구와 통찰을 준다.

근면성과 끈기 기르기

성공을 향한 유대인의 길은 각고의 노력과 투지와 회복력의 가치를 강조한다. 유대인의 역사는 확고한 헌신과 인내를 통해 역경을 극복한 사람들의 이야기로 가득 차 있다. 우리는 투철한 직업윤리를 가짐으로써 우리의 잠재력을 최대한 활용하고 위대한 일을 성취할 수 있다. 성공이 하룻밤 사이에 이루어지는 경우는 거의 없다. 이를 위해서는 부단한 노력과 훈련, 실패로부터 기꺼이 배우려는 마음이 필요하다. 우리는 끈기와 헌신을 통해 장애들을 극복하고, 크고 작은 목표를 달성할 수 있다.

진실성과 윤리적 행동 우선하기

진실성은 유대인의 가치에서 초석이 된다. 유대교는 우리가 삶의 모든 측면에서 정직하고 공정하며 윤리적으로 행동하도록 가르친다. 다른 사람의 행복을 희생시키거나 부정으로 달성한 성공은 유대교의 관점에서 진정한 성공이 아니다. 반면에 우리는 높은 도덕적 표준을 고수하고, 다른 사람들을 정중하고 품위 있게 대함으로써 신뢰와 신용과 호의의 토대를 조성한다. 이는 결국 협업과 기회와 지속 가능한 성공의 문을 열어준다.

강력한 인간관계와 공동체 육성하기

유대교는 인간관계와 공동체의 중요성을 매우 강조한다. 우리는 다른 사람들과 의미 있는 관계를 구축하고, 서로를 지원하며, 공동체의 복지에 기여하도록 권장된다. 성공은 개인이 독자적으로 추구하는 것이 아니라, 공동체와 상호 연결된 것이다. 인맥을 형성함으로써 우리는 다양한 관점과 자원과 지원 체계를 이용하게 되는 것이다. 친절한 행동, 긍휼, 공동 참여 등을 통해 우리는 성취감을 높일 뿐만 아니라 사회의 개선에도 기여를 한다.

마음 챙김과 감사 실천하기

마음 챙김과 감사는 유대인의 성공으로 가는 길에 필수적이다. 유대교는 우리 삶 속의 축복에 고마워하고, 감사하는 태도를 기르라고 가르친다. 현재의 순간에 집중하고, 우리 주위의 좋은 것을 인식함으로써, 우리는 동기와 회복력을 키워주는 긍정적인 사고방식을 개발한다. 규칙적인 기도 습관, 묵상, 감사 표하기는 우리가 굳건해지고, 균형감을 유지하며, 추구하는 일에서 의미와 성취감을 찾도록 도와준다. 또한 마음 챙김과 감사도 우리로 하여금 도전을 은혜롭게 헤쳐나가고, 어려움을 겪을 때도 성장의 기회를 찾게 해준다.

야망과 겸손의 균형 맞추기

유대교는 우리가 겸손함을 유지하면서 위대함을 위해 노력하도록 권장한다. 야망을 막는 것이 아니라, 그것을 우리의 가치에 맞도록 조정하고, 더 높은 목적을 위해 일하는 방식으로 돌리는 것이다. 우리의 강점과 재능과 염원을 인식함으로써, 우리는 야심 찬 목표를 설정하고, 이를 달성하기 위해 노력할 수 있다. 그러나 겸손을 유지하고, 우리의 능력이 하나님의 은사임을 인식하는 것이 중요하다. 야망과 겸손의 균형을 유지하는 것은 우리로 하여금 도덕적 나침반의 시각과 사회에 환원하는 일의 중요성을 잃지 않으면서 목적의식을 가지고 성공을 추구할 수 있게 해준다.

혁신과 적응성 수용하기

유대교는 혁신과 적응성을 수용함으로써 역사 내내 번창해 온 종교이다. 급변하는 세상에서 성공은 보통 혁신하고, 적응하고, 새로운 기회를 포착하는 능력에 달려 있다. 최근의 경향, 기술, 사회적 요구에 계속 적절히 대응함으로써 우리는 의미 있는 영향을 미칠 수 있는 방법을 찾아낼 수 있다.

유대교는 우리가 미래지향적이고, 새로운 아이디어에 개방적이며, 현재 상황에 기꺼이 도전하도록 권장한다. 이러한 마음 자세는 우리로 하여금 현실성을 유지하고, 새로운 기회를 포착하며, 역동적이고 진화하는 세상의 복잡한 문제들을 헤쳐나가게 해준다.

결론

유대인의 성공으로 가는 길은 우리가 위대함을 성취하도록 인도할 수 있는 교훈과 관습의 보고(寶庫)를 제공한다. 교육과 평생 학습을 받아들이고, 근면성과 인내심을 키우며, 진실성과 윤리적 행동을 우선하고, 강력한 인간관계와 공동체를 육성하고, 마음 챙김과 감사를 실천하고, 야망과 겸손의 균형을 맞추고, 혁신과 적응성을 받아들임으로써, 우리는 성공적이고 성취감을 주는 삶의 토대를 마련한다.

우리가 유대교의 오랜 가르침에 인도를 받아 유대인의 성공의 길을 걷고, 우리의 여정이 우리 행동을 우리의 가치와 맞추는 데서 오는 축복과 성장과 성취로 가득 차기를 바란다. 당신의 길에서 온갖 성공을 이루기를 기원한다.

티쿤 올람 수용하기: 세상을 변화시키기

'세상을 고침'이라는 '티쿤 올람' 개념은 유대인이 성공을 추구하는 데 있어서 강력한 원동력이다. 유대교는 우리의 목적이 개인적인 성취를 넘어서 세상에 긍정적인 영향을 끼치는 것을 포함한다고 가르친다. 성공은 우리가 자신을 위해 축적한 것뿐만 아니라, 공익을 위해 어떻게 기여했는지에 관한 것이기도 하다.

티쿤 올람을 수용한다는 것은, 우리가 사회적, 환경적, 인도주의적 도전에 대처해야 할 책임을 인정하는 것이다. 그리하여 우리는 어려운 사람들을 돕고, 보다 정의롭고 공평한 사회를 주창하기 위해 정의, 박애, 친절한 행동에 참여한다. 결국, 우리는 자선 활동, 자원봉사, 사회 운동 등을 통해 지속적인 변화를 만들어 내고, 미래 세대에게 긍정적인 유산을 남길 수 있는 것이다.

자기 관리와 웰빙 촉진하기

성공을 추구하려면 자기 관리와 웰빙을 우선하는 것이 중요하다. 유대교는 신체적으로, 정서적으로, 영적으로 자신을 돌볼 것을 강조한다. 웰빙을 소홀히 하면 에너지가 소진되고, 생산성이 떨어지며, 타협적인 성공을 꾀할 위험이 있다.

운동, 적절한 영양 섭취, 충분한 휴식을 통해 신체 건강을 촉진함으로써 우리의 에너지 레벨, 정신적 명확성, 전반적인 실적 등을 향상시킨다. 정서적 웰빙은 자기 성찰, 스트레스 관리, 필요할 때 지원 구하기 등을 통해 육성된다. 또한, 기도, 명상, 신앙 공동체와의 연결 등을 통해 영적인 필요를 돌보면, 내적 평화, 목적의식, 회복력 등을 얻는 데 도움이 된다.

실패를 받아들이고 좌절로부터 배우기

실패는 성공 여정에서 피할 수 없는 부분이다. 유대교는 좌절과 실패가 성장과 배움의 기회라고 가르친다. 우리는 실패를 영원한 패배로 여기지 말고, 성공을 향한 디딤돌로 받아들이라고 격려한다.

실패에 직면했을 때, 그것이 주는 교훈을 성찰하고, 접근 방식을 조정하며, 역경에 맞서 끈기 있게 지속한다. 유대인의 역사에는 장애에 직면했지만 끈기 있게 노력하여 위대함을 성취한 사람들의 사례가 가득하다. 실패를 소중한 학습 경험으로 재구성하고, 회복력을 받아들임으로써, 우리는 도전을 극복하고 목표를 달성하기 위한 기개와 투지를 개발한다.

결론

유대인의 성공으로 가는 길에는 우리를 위대함으로 인도하는 가치와 가르침과 관습의 풍부한 태피스트리가 들어있다. 교육, 근면, 진실성, 공동체, 마음 챙김, 야망, 혁신, 티쿤 올람, 자기 관리, 실패로부터 배움 등을 수용함으로써 우리는 목적이 있고 성취감을 주는 여정을 위한 길을 닦는다.

성공으로 가는 길을 헤쳐나갈 때, 진정한 성공은 독자적으로 성취되는 것이 아니라, 의미 있는 관계의 형성, 윤리적 행동, 세상에 긍정적인 영향을 미치려는 의지 등을 통해 성취된다는 점을 기억하자.

유대인의 성공으로 가는 길에서 배운 교훈과 관습이 우리로 하여금 목적을 가지고 살고, 열정을 가지고 꿈을 추구하며, 다른 사람들의 삶을 변화시키도록 고무해 주기 바란다. 우리의 행동을 우리의 가치에 맞춤으로써, 우리의 여정이 축복과 회복력과 성취감으로 가득 차기를 바란다. 위대함을 추구하는 여러분의 길에 지속적인 성공이 있기를 기원한다.

성찰과 자기 개선의 힘 받아들이기

성찰과 자기 개선은 유대인의 성공으로 가는 길에 필수적이다. 유대교는 규칙적으로 자기 성찰을 하고, 우리의 생각과 말과 행동을 점검하도록 권장한다. 우리의 행동과 태도를 성찰함으로써, 우리가 성장하고 개선할 수 있는 영역에 대한 소중한 통찰을 얻는다.

자기 개선에는 목표 설정, 새로운 기량(技倆) 개발, 긍정적인 습관 배양이 포함된다. 이를 위해서는 우리의 강점과 약점에 대한 솔직한 평가와 지속적인 성장에 대한 의지가 필요하다. 자기 성찰과 경험으로부터 기꺼이 배우려는 마음을 통해 우리는 개선이 필요한 영역을 확인하고, 개인적인 장애를 극복하며, 전반적인 성공을 향상시킬 수 있다.

멘토와 롤모델 찾기

멘토와 롤모델은 성공을 향한 우리의 여정에서 결정적인 역할을 한다. 그러므로 유대교는 다른 사람들로부터 배우고, 지도를 구하고, 우리가 흠모하는 자질을 구현하는 사람들을 본받아 행동하는 것을 매우 강조한다.

멘토는 우리가 뛰어나고자 열망하는 분야에서 성공을 거둔 사람이다. 그들의 지혜와 경험과 조언은 소중한 통찰과 성공에의 지름길을 제공해 줄 수 있다. 멘토를 찾음으로써 우리는 그들의 지식, 전문 기술, 인맥을 이용할 수 있게 되어 우리의 성장과 발전을 가속화한다.

역사적 인물이든지 현존하는 지도자든지 롤모델은 우리가 위대함을 위해 노력하도록 자극과 동기를 부여한다. 그들의 삶을 연구함으로써, 우리는 그들의 성공과 실패, 그리고 그들이 전해준 교훈을 통해 배운다. 마찬가지로, 그들의 긍정적인 특성과 행동을 모방함으로써 우리는 더 분명한 명확성과 목적의식을 가지고 우리의 길을 헤쳐나갈 수 있다.

소박함과 신중한 소비 수용하기

유대교는 소비지상주의와 물질주의가 주도하는 세상에서 소박함과 신중한 소비를 수용하는 것이 중요하다고 가르친다. 성공은 물질적 부(富)의 축적으로 평가되는 것이 아니라, 인간관계의 풍부함, 경험의 깊이, 세상에 끼치는 긍정적 영향 등으로 평가되는 것이다. 소박함을 수용함으로써 우리는 과도한 물질적 욕망에서 벗어나게 된다. 그 대신, 우리는 참으로 중요한 것에 초점을 맞추고, 우리가 받은 축복에 대해 감사하는 마음을 기르게 된다. *신중한 소비는 우리의 행동이 환경과 사회에 끼치는 영향을 고려하여, 어떻게 자원을 사용할 것인지를 의도적으로 선택하는 것을 뜻한다.

* 신중한 소비(mindful consumption): '마음 챙김 소비'라고도 하며, 충동 구매, 중독성 구매, 과시성 소비 등에 반대되는 개념이다.

직업을 목적과 가치에 맞추기

유대인의 성공으로 가는 길은 직업을 우리의 목적과 가치에 맞출 것을 강조한다. 성공은 재정적 이득이나 직업적 위상(位相)으로만 정의되는 것이 아니라, 일에서 성취감과 의미를 찾는 것에 의해 정의된다.

우리는 자신의 열정, 재능, 가치를 확인함으로써 진정한 자아에 맞는 직업을 추구할 수 있다. 우리의 일이 우리의 목적과 조화를 이룰 때, 만족과 동기와 성취감을 경험할 가능성이 더 높다. 유대교는 우리로 하여금 세상에 긍정적으로 기여하는 직업을 추구하도록 장려하여, 우리가 직업적 성공을 거두면서 의미 있는 영향을 끼칠 수 있게 해준다.

도전에 직면하여 인내하기

성공으로 가는 길에는 도전과 장애가 불가피하다. 유대교는 역경을 극복하는 데 있어서 인내와 회복력의 중요성을 가르친다. 투지와 기개 있는 마음 자세를 배양함으로써 우리는 어려운 시기를 극복하고 더욱 강해질 수 있다.

도전에 직면했을 때 우리는 신앙심, 정신력, 공동체의 지원 등을 이용하여 장애를 극복한다. 우리는 좌절로부터 배우고, 전략을 조정하며, 목표 추구를 지속한다. 각각의 도전을 극복할 때마다 우리는 회복력을 만들어 내고, 용기와 투지로 미래의 장애물에 맞서는 자신감을 개발한다.

유대인의 성공으로 가는 길은 다면적이어서 다양한 가르침과 관습과 가치를 포괄한다. 성찰의 힘을 받아들이고, 멘토와 롤모델을 찾고, 소박함과 신중한 소비를 수용하고, 우리의 직업을 목적과 가치에 맞추고, 도전에 직면하여 인내하며, 지속적인 성공과 개인적 성장을 위한 길을 닦는다.

유대인의 역사 내내 사람들은 엄청난 도전에 직면했고 인내를 통해 더욱 강해졌다. 그들의 이야기는 회복력이 위대함을 성취하는 데 대단히 중요한 요소라는 생각을 우리에게 불어넣어 주고 일깨워 준다. 근면한 마음 자세를 배양함으로써 우리는 장애물을 극복하고 성공에의 길로 나아가는 데 필요한 정신력과 투지를 개발한다.

평생 학습과 지적 호기심 수용하기

교육과 지적 호기심은 유대인의 성공으로 가는 길에서 기본적인 측면이다. 따라서 유대교는 평생 학습에 대한 의지를 장려하고, 지식에 대한 갈증과 지혜의 추구를 권장한다.

우리는 끊임없이 지식을 찾고, 지적인 지평을 확장함으로써, 새로운 견해와 아이디어와 기회를 받아들인다. 학습은 우리가 비판적 사고 능력을 개발하고, 세상에 대한 이해를 깊게 하며, 정보에 기반한 결정을 내리는 데 도움을 준다. 정규 교육을 통해서든, 독서를 통해서든, 강의 참석을 통해서든, 의미 있는 대화 참여를 통해서든, 평생 학습의 마음 자세를 수용하는 것은, 개인적 성장을 촉진하고, 우리를 성공으로 나아가게 한다.

감정 지능과 대인 관계 능력 배양

개인적 영역과 직업적 영역에서의 성공은 모두 인간관계를 원활히 하고 다른 사람의 감정을 이해하는 능력에 달린 경우가 많다. 유대교는 감정 지능을 배양하고 강력한 대인 관계 기술을 개발하는 것의 가치를 가르치고 있다.

감정 지능은 우리의 감정에 대한 인식과 그것이 우리의 생각과 행동에 어떻게 영향을 미치는지 이해하는 것과 관련된다. 또한 공감, 즉 타인의 감정을 인정하고 이해하는 능력도 포함된다. 우리는 감정 지능을 배양함으로써 의미 있는 유대관계를 구축하고, 갈등을 해결하며, 협력 관계를 조성할 수 있다.

효과적인 의사소통, 적극적인 경청, 갈등 해결 등과 같은 대인 관계 기술은 삶의 다양한 측면에서 필수적이다. 이를 통해 우리는 강력한 팀을 구축하고, 다른 사람들에게 영감을 주며, 긍정적이고 조화로운 업무 및 사회적 환경을 조성할 수 있다. 이러한 기술을 연마함으로써, 우리는 사람들을 이끌고, 영향을 미치고, 효과적으로 협력하는 능력이 향상되어, 궁극적으로는 성공에 기여하는 것이다.

일과 휴식의 균형 맞추기

유대교는 지속 가능한 성공을 위해서는 힘든 일과 원기 회복의 건전한 균형이 필요하다는 점을 인정하면서 일과 휴식의 균형을 강조한다. 휴식의 날인 안식일의 개념은 잠시 멈추고, 성찰하며, 우리의 영적, 개인적 삶을 되찾도록 일깨워주는 역할을 한다.

우리는 휴식과 자기 관리를 우선함으로써 신체적, 정신적 에너지를 재충전하고 생산성과 전반적인 복지를 증진시킨다. 여가와 취미를 위한 시간을 갖고, 사랑하는 사람들과 좋은 시간을 보내는 것은 우리로 하여금 원기를 회복하고 참신한 시각을 갖게 해준다. 일과 휴식의 균형을 유지하는 것이 장기적으로는 우리로 하여금 성공을 지속하고 과로를 피하게 해준다.

결론

유대인의 성공으로 가는 길은 우리를 위대함을 성취하도록 인도하는 다양한 가르침과 관습을 통합한 *거시적 접근방법을 망라한다. 평생 학습을 수용하고, 감정 지능과 대인 관계 기술을 배양하고, 일과 휴식의 균형을 맞추고, 도전을 견뎌냄으로써 우리는 개인적, 직업적 성공을 위한 견고한 기반을 조성한다.

* 거시적 접근 방법(holistic approach): 모든 구성 요소를 고려하여 총체적으로 연구하는 방법

우리가 길을 헤쳐나갈 때 유대교의 지혜가 우리에게 영감을 주어 지식을 찾고, 회복력을 받아들이며, 의미 있는 관계를 육성하고, 우리의 행동을 우리의 가치에 맞추기를 바란다. 우리가 성공을 향한 남다른 여정을 추구하면서 성취감을 얻고, 세상에 긍정적인 영향을 끼치기를 바란다. 여러분의 위대함으로 가는 길에 지속적인 성장과 성공이 있기를 기원한다.

제11장

결론:
오늘날 세상에서 성공하기 위해
유대인의 지혜 적용하기

이 장에서는 이 책의 핵심적인 통찰을 요약하고, 오늘날 세상에서 성공을 성취하기 위해 유대인의 지혜를 어떻게 적용할 것인지에 대한 실제적인 조언을 독자들에게 해줄 수 있을 것이다.

- 책에서 얻은 중요한 통찰 요약하기
- 독자들이 자신의 삶에서 성공하기 위해 유대인의 지혜를 어떻게 적용할 것인지에 대한 실제적인 조언
- 자신의 삶에서 성공을 추구하는 데 유대인의 전통을 접목하는 것의 중요성에 대한 결론

진정한 성공은 개인적인 성취와 개개인이 주위 세상에 미치는 영향으로 평가된다. 유대인의 전통에서, 성공을 추구하는 것은 공동체에 긍정적인 영향을 끼치고, 환원을 해야

하는 의무와 서로 얽혀 있다.

티쿤 올람, 즉 세상을 고치는 것은 유대인의 전통에서 핵심이다. 친절과 자선과 사회 정의를 위한 행동들을 통해 개개인은 보다 공정하고 공평하며 인정 많은 사회를 만들기 위해 일할 수 있다. 뿐만 아니라, 자신의 기술과 자원과 재능을 사용하여 다른 사람에게 봉사함으로써 성공을 추구하면서 성취감과 목적의식을 얻을 수 있다.

또 유대인의 전통은 다른 사람을 돕는 의무를 이행하기 위한 자선 활동과 자선적 기부의 중요성을 가르친다. 개개인은 자신의 시간과 재능과 자원을 제공함으로써, 다른 사람의 삶에 의미 있는 영향을 미치고, 공익을 위해 기여할 수 있다.

또한, 유대인의 전통은 성공을 추구하는 데 있어 사회적 책임과 윤리적 리더십의 중요성을 강조한다. 자신의 영향력과 힘을 세상에 긍정적인 변화를 가져오는 데 사용함으로써, 개개인은 솔선수범하고, 다른 사람들이 변화를 만들도록 자극해 줄 수 있는 것이다.

다음 절들에서는 체다카의 역할, 자선적 기부, 사회 정의,

윤리적 리더십, 공동체 봉사의 힘 등 환원을 하고 긍정적인 영향을 끼치는 유대인 전통의 몇 가지 기본적인 가르침과 관습을 탐구할 것이다. 유대인 전통의 지혜로부터 배움으로써, 개개인은 의미와 목적과 성취감 있는 방식으로 성공을 추구하고, 그 과정에서 더 나은 세상을 만들어 낼 수 있다.

이 책 전반에 걸쳐서 우리는 성공을 달성하는 데 기여하는 유대교의 원칙, 가르침, 관습들을 탐구하였다. 신앙과 인내의 가치에 대한 이해로부터 윤리적 가치, 공동체 참여, 개인적 성장의 수용에 이르기까지, 우리는 유대인의 지혜가 풍부하게 담긴 태피스트리와 오늘날 세상과의 관련성을 탐구했다. 우리의 여정을 마무리하면서, 이러한 가르침을 성공을 이루는데 어떻게 적용할 수 있는지 생각해 보자.

제1절 유대인의 가치를 일상생활에 통합하기

목적의식을 가지고 살기

유대교는 우리의 행동과 목표를 우리의 가치와 믿음에 맞추어 목적 있게 사는 것의 중요성을 가르친다. 목적의식을 명확히 하고, 의미 있는 목표를 설정함으로써, 우리는 더욱

확실한 명확성과 초점과 의도를 가지고, 개인적, 직업적인 생활을 해나갈 수 있다. 여기에는 우리의 핵심 가치를 성찰하고, 열망을 확인하며, 우리 나름대로 성공을 정의하는 것이 포함된다.

물질적, 영적 성공의 균형 맞추기

유대인의 지혜에 따르면, 성공은 물질적인 부나 성취만으로 평가하는 것이 아니라, 영적인 성장, 윤리적인 행동, 지식의 추구를 소중하게 생각하는 거시적인 관점을 아우른다. 물질적, 영적 성공의 균형을 위해 노력하는 것은 우리로 하여금 성취감 있는 삶을 살게 해주어, 개인적인 성취감과 만족감을 얻으면서 다른 사람들에게 긍정적인 영향을 끼칠 수 있게 한다.

마음 챙김과 감사 실천하기

오늘날의 빠르게 변화하고 힘든 세상에서는 마음 챙김과 감사를 함양하는 것이 필수적이다. 유대인의 가르침은 우리의 행동과 상호작용에서 마음을 온전히 쏟고, 주의를 집중하는 것의 중요성을 강조한다.

또 감사를 실천함으로써, 우리는 삶 속의 축복에 감사하고, 긍정적인 사고방식을 기르며, 풍요로움과 만족감을 함양하는 데로 우리의 초점을 전환한다.

제2절 강력한 인간관계와 공동체 구축하기

인간관계 양성하기

성공은 단독적으로 성취되는 것이 아니라, 우리가 형성하는 지원 공동체 및 인간관계와 얽혀 있는 경우가 많다. 그러므로 유대교는 건전하고 의미 있는 인간관계를 구축하고 양성하는 것을 매우 강조한다. 여기에는 열린 의사소통과 공감과 존중심을 키우는 것뿐 아니라, 남들에게 친절한 행동을 하고 도움을 베푸는 것도 포함된다. 인간관계에 투자를 하면 성공으로 가는 우리의 여정에서 고양해 주고 힘을 주는 지원 인맥이 만들어진다.

공동체 봉사에 참여하기

우리 공동체의 개선에 기여하는 것은 유대인의 가치에서 기본적인 측면이다. 공동체 봉사와 티쿤 올람(세상을 고침) 운동에 참여하면 다른 사람에게 유익이 되고 우리의 삶이 풍요로워진다. 또한, 사회 문제에 대처하는 활동에 적극적으로 참여함으로써 우리는 긍정적인 변화의 촉매가 되고 공동체 내에서 더욱 강력한 유대관계를 구축한다.

포용성과 다양성 기르기

유대인의 가르침은 공동체 내에서 다양성을 수용하고 포용성을 기를 것을 강조한다. 다양한 배경과 견해를 가진 사람들의 독특한 기여를 인정해 주고 칭송함으로써, 우리는 주위 세상의 다채로움을 반영하는 활기차고 번영하는 공동체를 만든다. 또한 포용성은 협력과 창의력과 소속감을 북돋아 주어 결국 공동체의 성공으로 이끌어간다.

제3절 부단한 학습과 성장

평생 학습

유대교는 평생학습과 지적 성장을 매우 강조한다. 정규 교육, 개인적 공부 또는 유대 경전 연구를 통해 지식을 추구하는 것은 우리의 견해를 넓히고, 이해를 깊게 하며, 비판적 사고 능력을 개발하게 해준다. 우리는 학구열을 가짐으로써 새로운 기회와 통찰과 개인적 성장에 마음을 열게 된다.

변화에 적응하기

오늘날 세상에서 성공하려면 급속한 변화에 대한 적응성과 회복력이 필요하다. 유대인의 가르침은 변화를 받아들이는 것의 중요성을 강조하며, 이를 성장하고 변모하는 기회로 여긴다. 유연한 사고방식을 기르고, 새로운 아이디어에 마음을 열며, 혁신을 받아들임으로써, 우리는 성공의 새로운 가능성을 높이면서 현대 세계의 도전과 불확실성을 헤쳐 나갈 수 있다.

멘토링과 지도(指導) 구하기

현명한 사람들로부터 멘토링과 지도를 구하는 것은 유대교에서 유서 깊은 전통이다. 각자의 분야에서 성공한 사람들로부터 배우는 것은 우리의 여정에 소중한 통찰과 조언과 도움을 준다. 멘토들과 관계를 맺고, 지도를 구함으로써, 우리는 도전을 헤쳐나가고, 균형감을 얻고, 개인적, 직업적 성장을 가속화할 수 있다.

제4절 철저한 직업윤리 갖기

근면과 인내

유대인의 가르침은 성공을 성취하는데, 애써 일하는 것과 근면과 인내를 강조한다. 철저한 직업윤리를 가짐으로써 우리는 탁월함을 추구하고, 장애물을 헤치고 나가며, 목표에 계속 전념하는 것이다. 우리는 기꺼이 도전을 극복하려는 의지와 꾸준한 노력을 통해 우리의 염원을 현실로 바꿀 수 있다.

직장에서의 윤리적인 행동

유대인의 지혜는 직장 생활에서 윤리적으로 처신하고, 진실성을 갖고 행동하는 것이 중요함을 일깨워 준다. 정직하고, 공정하며, 다른 사람을 존중하는 것은 긍정적인 근무 환경을 조성하고, 동료 및 고객들과의 신뢰를 구축하는 데 필수적이다. 우리는 윤리적 가치를 옹호함으로써 개인적인 성공을 성취하고, 공익에 기여하는 것이다.

휴식과 회복의 균형

힘써 일하는 것이 중요하지만, 유대교는 휴식과 회복의 중요성도 강조한다. 안식일을 지키고, 자기 관리와 원기 회복을 위한 시간을 갖는 것은 우리가 재충전하고, 균형을 유지하며, 장기적인 성공을 지속하는 것을 가능하게 해준다. 우리는 자기 관리를 우선하고, 일과 개인 생활 사이에 경계를 만들어, 지속 가능하고 성취감을 주는 생활 방식을 만들 수 있다.

결론

오늘날 세상에서 성공하기 위해 유대인의 지혜를 적용하는 것은 다면적이다. 예를 들어, 우리는 유대인의 가치를 일상생활에 통합하고, 강력한 인간관계와 공동체를 구축하며, 평생 학습을 받아들이고, 강한 직업윤리를 배양한다. 이러한 원칙들을 접목함으로써 우리는 유대인의 정체성과 염원에 충실하면서 현대 세계의 복잡한 문제들을 헤쳐나갈 수 있는 것이다.

이 책에서 함께 나눈 지혜와 가르침이 여러분이 성공을 향한 여정에 나서는데, 지침과 영감을 주는 역할을 하기 바란다. 여러분이 삶의 모든 측면에서 성공으로 가는 길을 헤쳐나가면서 성취감과 목적과 유대인 유산과의 깊은 관계를 찾게 되기를 기원한다.

성공을 이루기 위해 유대인의 지혜를 적용하는 데는, 성공이 몹시 개인적이고 주관적인 개념이라는 점을 기억하는 것이 중요하다. 한 사람에게 성공으로 여겨지는 것이 다른 사람에게는 다를 수 있다. 유대교는 개개인이 유대교의 가치와 가르침에 기반을 두면서 자기 나름대로 성공을 정의하도록 권장하는 틀을 제공한다.

현대 세계의 복잡한 문제들을 헤쳐나가면서 우리는 좌절과 어려움과 자기 회의(懷疑)의 순간에 직면할 수 있다. 그러나 유대교의 가르침을 이용하여 우리는 장애를 극복하는 힘과 회복력을 얻고 인도를 받아 우리의 목표 추구를 계속해 나갈 수 있다.

성공은 종착지가 아니라 지속적인 여정임을 인정하는 것도 중요하다. 이는 성장과 배움과 자기 성찰이 계속되는 과정이다. 이 여정을 진행하면서 우리는 목표를 재조정하고, 전략을 바로잡고, 성공의 기준을 재정의해야 할 수도 있다. 유대교는 우리가 계속 진화하는 삶의 양상에 대처할 때, 변화를 기꺼이 받아들이는 마음과 적응성이 중요함을 가르쳐 준다.

또 우리가 성공을 위해 노력할 때, 그 이면에 있는 더 큰 목적을 망각하지 말자. 유대교는 우리가 성공을 통해 세상에 긍정적인 영향을 미치고, 사회 개선에 기여하고, 그 과정에서 다른 사람들을 고양하도록 권장한다. 우리가 축복받았음을 인정하고, 성취한 것들을 함께 나눔으로써, 선(善)의 파급 효과를 만들어 내고, 다른 사람들이 성공의 길을 추구하도록 고무해 준다.

결론적으로, 유대교의 지혜는 오늘날 세상에서 성공으로 가는 길로 인도할 수 있는 시대를 초월하는 원칙과 가르침을 제공한다. 유대인의 가치를 우리 삶에 통합하고, 강력한 인간관계와 공동체를 육성하고, 지속적인 학습과 성장을 하고, 철저한 직업윤리를 유지함으로써, 우리는 진실성과 목적과 성취감을 가지고 삶의 복잡한 문제들을 헤쳐나갈 수 있다.

여러분이 성공을 향한 여정을 시작할 때는, 이 책의 가르침을 되새기고, 유대인의 유산에서 힘을 얻으며, 자신의 가치에 충실해야 함을 명심하라. 유대교의 원칙이 여러분을 인도하고, 고무해 주며, 의미와 영향력과 개인적 성취가 있는 삶을 만들도록 힘을 주기를 바란다.

여러분의 행동을 자신의 신앙과 가치관에 맞춤으로써, 성공을 추구하는 일이 축복과 성취감과 기쁨으로 가득 차기를 바란다. 그리고 여러분의 여정이 유대 민족의 역사 전반에 걸쳐 이어져 온 지혜와 회복력의 증거가 되기를 바란다.

끝으로, 성공은 종점이 아니라 평생의 여정이라는 점을 인식하는 것이 중요하다. 그것은 지속적인 노력과 자기 성찰과 적응이 필요한 역동적이고 진화하는 과정이다. 우리의 성공 추구에 유대인의 지혜를 적용할 때는 성공이 개인적 성취뿐만 아니라, 세상에 긍정적인 영향을 미치고, 공익을 위해 기여하는 것임을 기억하자.

유대인으로서 우리는 수많은 역사와 가르침과 가치를 아우르는 풍부하고 다양한 유산의 일부이다. 이 유산을 이용하고, 그 지혜를 우리 삶에 통합함으로써, 우리는 강한 목적의식과 회복력과 윤리적 행동으로 현대 세계의 도전과 기회를 헤쳐나갈 수 있다.

성공은 부, 명성, 인지도와 같은 외부 지표로만 평가되지 않는다는 점을 명심하라. 진정한 성공은 성취감과 행복과 목적을 찾는 데 있다. 이는 우리의 행동을 우리의 가치에 맞추고, 다른 사람들의 삶에 긍정적인 변화를 만들고, 미래 세대를 위해 의미 있는 유산을 남기는 것이다.

이 책을 마무리하면서, 나는 여러분이 이 책의 각 장 전반에 걸쳐 나누었던 가르침과 통찰을 되새겨 보기를 바란다. 여러분의 여정과 목표를 평가하는 시간을 갖고, 성공 추구에 유대인의 지혜를 어떻게 통합할 것인지를 숙고하라. 신앙, 회복력, 윤리적 행동, 공동체, 개인적 성장 등의 가치를 받아들이고, 그것들이 여러분을 목적과 성취감과 영향력 있는 삶으로 인도하게 하라.

이 책이, 여러분이 성공으로 가는 길을 헤쳐나갈 때, 고무해 주고 인도해 주기 바란다. 유대교의 지혜가 여러분에게 힘을 주고, 북돋아 주며, 장애를 극복하고, 기회를 포착하며, 잠재력을 발휘할 수 있도록 힘과 투지를 여러분 안에 불어넣어 주기를 바란다.

랍비 힐렐(Hillel)은 "내가 나 자신을 위해 있지 않다면, 누가 나를 위해 있을 것인가? 그런데 내가 나 자신만을 위해 있는 것이라면, 나는 무엇인가? 그리고 지금이 아니라면, 언제?"라고 말했다. 기회를 포착하고, 유대인의 유산을 받아들이자. 그리고 우리 삶의 질을 높이고, 우리 주위 세상에 축복을 가져다주는 성공의 여정을 시작하자.

여러분의 성공 추구가 토라의 빛과 우리 조상들의 지혜와 역사 전반에 걸쳐 유대 민족을 지탱해 온 가치에 의해 인도받기를 바란다.

샬롬, 여러분의 성공의 길에 축복이 있기를 기원한다.

유대교의 시각으로 성공에 대해 탐구한 이 글을 마무리하면서, 이 책에서 나눈 원칙과 가르침은 엄격한 규칙이 아니라, 지침의 역할을 하게 된다는 점을 기억하는 것이 중요하다. 개개인의 성공 여정은 각기 남다른 것이며, 이러한 개념들을 여러분의 상황과 목표에 맞게 조정하는 것이 필수적이다.

유대인의 조상들은 역사 내내 수많은 도전과 역경에 직면하였다. 그렇지만 그들은 견뎌내고 신앙을 유지했으며 다양한 영역에서 놀랍도록 성공했다. 그들의 이야기는 유대인의 전통에서 발견되는 회복력과 투지와 지혜의 증거가 되어준다.

성공이 흔히 물질적 부와 명예, 또는 권력과 동일시되는 현대 세상에서 유대인의 관점으로 성공에 대한 이해를 재구성하는 것은 매우 중요하다. 진정한 성공은 외적인 업적, 내적인 성취감, 개인적 성장, 그리고 다른 사람과 주위 세상에 긍정적인 영향 끼치기 등을 아우른다.

여러분의 성공 추구에 유대교의 지혜를 적용할 때는, 연민, 정의, 진실성, 겸손 등의 가치를 포함하라. 여러분의 공동체에 환원할 기회를 찾고, 다른 사람들의 여정을 지원하고, 여러분이 성취한 것을 사용하여 주위에 있는 사람들을 북돋아 주고 고무해 주라.

성공은 목적지가 아니라 지속적인 과정이라는 것을 기억하라. 거기에는 끊임없는 학습과 자기 성찰과 적응이 필요하다. 유대인 역사의 교훈을 받아들이고, 평생 학습에 참여하며, 새로운 가능성과 성장의 기회에 마음을 열고 있으라.

결론적으로, 유대교에 따르면 성공은 영적, 도덕적, 물질적 차원을 아우르는 다면적인 개념이다. 우리의 행동을 유대인의 가치에 맞추고, 하나님과의 관계를 증진하며, 고대의 경전에서 지혜를 구하고, 유대인 공동체로부터 영감을 얻음으로써, 우리는 목적과 진실성과 회복력을 가지고 성공의 길을 헤쳐나갈 수 있다.

이 책이 성공을 향한 여정에 영감과 성찰과 실제적인 지침의 원천이 되기를 바란다. 유대교의 지혜가 여러분의 길을 밝히고, 여러분의 목표에 더 가까이 다가가게 하며, 여러분의 신앙 및 유산과의 유대를 더 깊게 하기를 바란다.

이 여정을 시작할 때, 진정한 성공은 여러분이 무엇을 성취하고 어떤 사람이 되는지에 있다고 한 것을 기억하라. 유대교의 가르침을 받아들이고, 하나님과 관계를 증진하며,

세상에 긍정적인 영향을 미치도록 노력하라. 여러분의 성공 추구가 목적이 이끄는 삶을 사는 데서 오는 축복과 성취감 과 기쁨으로 가득 차기를 바란다.

유대교에 입각한 성공의 탐구를 마무리하면서, 성공은 외 적인 성취나 물질적인 부에 의해서만 평가되지 않는다는 점 을 기억하는 것이 중요하다. 대신에, 그것은 우리 삶의 영 적, 감정적, 윤리적 측면을 포괄하는 총체적이고 다차원적 인 개념이다.

우리의 행동을 유대인의 가치에 맞추고, 전통의 가르침 을 일상생활에 통합하며, 하나님 및 공동체와의 유대를 깊 게 함으로써, 우리는 성공을 향한 의미 있고 목적 있는 여정 을 시작할 수 있다.

우리의 성취가 하나님의 은사이며, 세상의 개선에 기여하 는 기회임을 인정하고 겸손과 감사로 성공에 접근하는 것이 중요하다. 유대교에서는 성공이 자기 자랑이나 개인적 이 득을 위한 것이 아니라, 오히려 하나님의 목적을 달성하고, 연민과 친절과 정의로 다른 사람들을 섬기기 위한 것이다.

더욱이 유대교는 성공을 추구하는 데 있어서 균형의 중요성을 일깨워 준다. 이는 우리로 하여금 우리의 웰빙을 우선하고, 건전한 인간관계를 유지하며, 삶의 모든 영역에서 조화로움을 함양하도록 권장한다. 신체적, 정서적, 영적 건강을 촉진함으로써 우리는 성공을 위한 견고한 기반을 조성하는 것이다.

우리는 성공을 추구하면서 불가피하게 도전과 좌절과 실패에 맞닥뜨리게 된다. 그러나 유대교는 우리에게 회복력과 소망을 주며, 이러한 장애물을 성장과 배움과 성품 개발의 기회로 여기라고 가르친다. 우리는 인내심과 신앙을 통해 역경을 성공을 위한 디딤돌로 바꿀 수 있다.

마지막으로, 성공은 목적지가 아니라 지속적인 여정이다. 이를 위해서는 끊임없는 자기 성찰과 단련과 개인적 성장이 필요하다. 그러므로 유대교는 우리로 하여금 평생 학습에 참여하고, 경전과 가르침으로부터 지혜를 구하며, 우리의 길을 인도할 수 있는 멘토와 지원하는 공동체를 주위에 둘 것을 권장한다.

이 책을 마무리하면서, 장들 전반에 걸쳐 나누었던 통찰들과 원칙들과 이야기들을 되새겨 보기를 권한다. 그리고나서 이것들을 자신의 삶에 통합하는 시간을 갖고, 자신의 독특한 상황과 목표에 맞게 조정하라.

유대교의 지혜가 여러분 나름대로 성공을 정의하고, 열정과 진실성을 가지고 이를 추구하며, 세상에 긍정적인 영향을 끼치도록 고무해 주기를 바란다. 여러분의 행동을 신앙의 가치에 맞추고, 더욱 정의롭고 인정 많고 조화로운 사회를 만들기 위해 노력할 때, 여러분의 여정이 성장이나 성취감이나 목적을 주기를 기원한다.

진정한 성공은 여러분이 무엇을 성취하고, 어떤 사람이 되는지에 달려 있다는 것을 명심하라. 유대교의 시대를 초월한 가르침의 인도를 받으며, 찾아오는 기회를 포착하고, 목적 있고 의미 있는 삶을 살면서 축복과 기쁨과 성취감으로 가득 찬 여러분의 성공 추구가 되기를 바란다.

여러분의 모든 노력이 풍성한 성공을 거두기를 기원하며, 여러분의 여정이 유대교의 영원한 지혜와 가르침에 대한 증거가 되기를 바란다.

지은이 소개

아리엘 에이탄

아리엘 에이탄(Ariel Eytan) 교수는 1994년 미국 플로리다 국제대학교에서 호텔관광 경영학 학사학위를 취득하였고, 1994년 동 대학 국제경영학과에서 석사학위를 취득하였다. 1998년 플로리다대학교 전략경영학과에서 박사학위를 취득하였다. 아리엘 에이탄 교수는 경영대학원 학장 겸 부총장이며, 이스라엘 극동 상공회의소 회장이자, 시온주의 억만장자 포럼의 부회장이다.

그는 호주 멜버른 대학교, 미국 플로리다 국제대학교, 중국 베이징에 있는 베이징 중국 정치학 및 법학 대학교에서 국제 경영, 경영학, 전략 경영, 인적 자원 관리, 국제 경제학 분야의 부교수 및 선임 강사로 일하고 있다. 미국 콜롬비아 대학교 경영학, 2008년에는 북경대학교 교수직을 받았다. 2009년부터 2010년까지 그는 중국 교육부로부터 중국 최고의 외국 교수로 선정되었다.

중국어에 능통한 에이탄 교수는 경제 및 정부 문제에 대한 전문가이자 평론가로서 중국 언론의 인터뷰와 패널에 정기적으로 출연하고 있다.

그는 외국 기업의 이사로 재직하고 있으며 이전에는 세 명의 이스라엘 총리(벤저민 네타냐후, 아리엘 샤론, 에후드 올메르트)의 경제 고문직을 역임했다.

에이탄 교수는 미국 및 중국 정치인과 협력하여 이스라엘과 미국, 중국 간의 기술, 농업 및 교육 협력을 촉진한다. 그의 노력 중에는 자매 도시 협정 체결, 이스라엘과 중국의 대학과 히브리 대학 간의 교육 연계 개발 등이 있다.

에이탄 교수는 사업가 닛산 학쇼리(Nissan Khakshouri)가 이끄는 비영리 단체인 시온주의 억만장자 포럼(Zionist Billionaires Forum)의 부회장을 맡고 있다. 포럼의 목표는 전 세계 친이스라엘 정치 대표자들의 정치적 노력을 지원하는 것이다. 헤르츨리야에 본부를 둔 이 포럼은 이스라엘과 한국, 인도, 호주, 캐나다 등 전 세계에 거주하는 수십 명의 회원으로 구성되어 있다.